引导
孩子叛逆期的
关键问题

邓鑫 编著

中国纺织出版社有限公司

内 容 提 要

两三岁的孩子处于幼儿叛逆期，7~9岁的孩子处于成长叛逆期，12~18岁的孩子则处于青春叛逆期。父母如果不能了解孩子在每个成长阶段的心理变化和特点，就会常常处于摸索的状态，不能正确引导孩子的成长。本书介绍了处于不同叛逆期的孩子的行为表现，帮助父母了解叛逆，以更好地了解和引导孩子。

图书在版编目（CIP）数据

引导孩子叛逆期的关键问题 / 邓鑫编著. --北京：中国纺织出版社有限公司，2025.4
ISBN 978-7-5229-1700-9

Ⅰ. ①引… Ⅱ. ①邓… Ⅲ. ①家庭教育 Ⅳ. ①G78

中国国家版本馆CIP数据核字（2024）第079037号

责任编辑：王 慧　　责任校对：王蕙莹　　责任印制：储志伟

中国纺织出版社有限公司出版发行
地址：北京市朝阳区百子湾东里A407号楼　邮政编码：100124
销售电话：010—67004422　传真：010—87155801
http://www.c-textilep.com
中国纺织出版社天猫旗舰店
官方微博 http://weibo.com/2119887771
天津千鹤文化传播有限公司印刷　各地新华书店经销
2025年4月第1版第1次印刷
开本：710×1000　1/16　印张：13
字数：162千字　定价：49.80元

凡购本书，如有缺页、倒页、脱页，由本社图书营销中心调换

前言

PREFACE

人的身心发展是有普遍规律的。教育孩子，既要遵循普遍规律，也要结合孩子的独特成长历程，考虑到孩子独具个性的身心发展特点，才能有的放矢地教育和引导孩子，陪伴孩子度过生命历程中的一个个叛逆期。

所谓叛逆，其实代表着孩子的成长。一个对父母言听计从的孩子是不会长大的，只有形成独立的自我意识，挣脱父母无微不至的爱与呵护，走向成长的道路，孩子才能越来越独立，真正开创出属于自己的人生天地。

在社会生活中，家庭是最小的单位；对孩子而言，家庭却是他们的全世界。作为孩子的生命摇篮，家庭要为孩子提供一个任由身心休憩的地方，也要为孩子提供源源不断的成长动力，更要在孩子需要时为其遮风挡雨。在家庭教育中，只有成功的教育才能培养出成功的孩子；反之，失败的教育则只能培养出失败的孩子。由此可见，父母既是孩子的第一任老师，也是孩子最好的学习榜样，还是孩子的天与地。

当孩子进入叛逆期，父母最重要的是引导孩子、教育孩子、成就孩子。如何度过叛逆期，对孩子的一生都将起到重要且持久的影响。在现实生活中，有些父母一味疼爱和宠溺孩子，而忽略了对孩子的教育和引导，使孩子变得骄纵无度，缺乏感恩之心，更不懂得尊重父母。父母要把爱孩子与教育孩子结合，切勿爱而无教，养而不教。俗话说，十年树木，百年树人。父母对孩子的教育要和对孩子的爱一样绵长。哪怕长大成人，飞到属于自己的人生天地中，孩子也依然需要父母的关照。

古人云，子不教，父之过。每一个父母都承担着生育和教育孩子的艰巨任务，必须努力提升自己，坚持学习与成长，才能紧跟孩子成长的脚步，真正肩负起当好父母的职责。在成长的过程中，孩子总是会遇到各种各样的问题，尤其是当处于人生的某些特定阶段时，这些问题不但会困扰父母，更是会困扰孩子。作为父母，既要呵护与关爱孩子，也要陪伴与守护孩子，更要教育和引领孩子，还要学会放手。

在家庭教育中，很多父母由于把孩子视为自己的附属品或者私有物，所以对孩子极其严厉和苛责，甚至把自己没有完成的人生理想交给孩子去实现。这样做的父母忽略了孩子是独立的生命个体，有自己的思想和主见，也有自己理想的人生模式。正如一位名人所说，孩子尽管因着父母来到世界上，却不属于父母，而只属于自己。为此，父母要始终尊重和理解孩子，把孩子作为独立的生命个体，唯有如此，才能与孩子建立和维持良好的亲子关系。在家庭教育中，不管是面对处于叛逆期的孩子，还是面对处于青春期的孩子，教育都要以关系为基础，良好的关系能够水到渠成地解决很多教育难题。

父母之爱孩子，则要为孩子计深远，要注重培养孩子优秀的品质、坚强的意志力、持续的学习力和独立生存的能力。当好父母，就要从此时此刻开始。你，做好准备了吗？

编著者

2024年12月

第一篇 2~3岁幼儿叛逆期

第一章　心灵密码 / 003

孩子为何爱发脾气 / 004
蹲下来，从孩子的视角看世界 / 005
孩子为何哭闹不休 / 007
孩子为何任性 / 009
孩子为何撒谎 / 010
孩子为何说脏话 / 013
了解叛逆心理，打破恶性循环 / 015

第二章　性格养成 / 019

三岁看老有道理 / 020
亲密关系很重要 / 021
自我意识萌芽期的引导 / 023
培养孩子的意志力 / 025
情绪爆炸期唯我独尊 / 026
慎用惩罚，培养自信 / 028
宽容以待，教会诚实 / 031
让孩子承担自然后果 / 033
为孩子提供选择 / 034
学会向孩子求助 / 036

第三章　有效沟通 / 039

不给孩子贴标签 / 040
拒绝孩子的不合理请求 / 041
尊重孩子，坚持协商 / 043
不要当着孩子的面破坏孩子的玩具 / 045
学会夸赞孩子 / 046
好父母擅长说服孩子 / 048
冷静地表明立场 / 050

第四章　关键问题 / 053

孩子为何依赖成性 / 054
孩子为何紧张焦虑 / 056
孩子为何缺乏自信 / 058
孩子为何自卑胆怯 / 059
孩子为何缺乏安全感 / 061
孩子为何疏远父母 / 063

第二篇
7～9岁成长叛逆期

第五章　怎么说孩子才会听 / 069

叛逆不是孩子的错 / 070
教会孩子遵守规矩 / 071
积极暂停法让孩子不再无理取闹 / 073

耐心倾听，孩子不再插嘴或顶嘴 / 075
志愿工作让孩子拥有同理心 / 076

第六章　好习惯成就好人生　/　079

养成良好的生活习惯 / 080
自然后果法让孩子不再丢三落四 / 081
培养孩子的条理性 / 083
发展社交，远离网络 / 085
与孩子互换角色 / 087
培养孩子的理财意识 / 089

第七章　培养热爱学习的好孩子　/　091

考试成绩欠佳，孩子更需要安慰 / 092
父母以身示范，激发孩子的上进心 / 094
树立梦想，点燃热情 / 095
陪孩子一起去图书馆 / 097
鼓励孩子的小小进步 / 099
培养孩子的学习兴趣 / 101
不要当孩子的"监工" / 102
错题本帮助孩子戒掉粗心 / 104

第八章　让孩子成为社交达人　/　107

美食让孩子放松戒备 / 108
教会孩子说话 / 109
当孩子不喜欢老师 / 111
拔掉孩子心中的嫉妒之草 / 112
多子女家庭的平衡之道 / 114

第三篇
12～18岁青春叛逆期

第九章 学习从来不是一件容易的事情 / 119

作业越来越多怎么办 / 120

作弊是品质问题吗 / 121

培养孩子的自学能力 / 124

学习要全面发展 / 126

孩子为何爱发呆 / 129

努力却没有回报怎么办 / 131

如何缓解考试焦虑 / 133

引导孩子理性地看待读书无用论 / 136

第十章 亲子关系是家庭教育的前提 / 141

要管教，不要教训 / 142

不要把孩子当小大人 / 144

父母离婚对孩子的伤害 / 146

单亲家庭的教育难题 / 148

高品质地陪伴孩子 / 150

缺乏安全感的孩子更容易沉迷网络 / 153

营造家庭氛围：规则还是民主 / 155

爸爸要爱孩子的妈妈 / 157

第十一章 青春期要有好情绪 / 161

孩子为何不开心 / 162

自残的孩子在求救 / 164

孩子为何悲观厌世 / 166

陪着孩子直面死亡 / 168

孩子不该是一座孤岛 / 171

青春期孩子更需要朋友 / 173

宽容他人就是放过自己 / 175

第十二章　探究叛逆期的偏差行为　/　179

探究校园霸凌现象 / 180

女孩为何喜欢组建小团体 / 182

当发现孩子抽烟 / 184

青春期孩子为何撒谎 / 186

孩子为何喜欢特立独行 / 188

孩子为何越来越宅 / 191

教会孩子自我保护 / 194

参考文献　/　197

第一篇

2~3岁幼儿叛逆期

2~3岁孩子处于幼儿叛逆期。在此之前,孩子无法区分自己与外部世界之间的关系。进入2岁,孩子的自我意识越来越强,渐渐能够区分自己与外部世界。由此,孩子进入了幼儿叛逆期。

第一章
心灵密码

幼儿叛逆期,是孩子人生中的第一个叛逆期。在幼儿叛逆期,孩子只有2~3岁,却足以让父母感到头疼。例如,孩子越来越喜欢发脾气,稍有不顺心就号啕大哭,不停吵闹;孩子越来越任性,想做的事情必须做到,否则就有可能撒泼打滚;孩子居然学会了撒谎,以肚子疼为借口拒绝妈妈的要求。实际上,孩子并非故意与父母作对,而是他们进入了幼儿叛逆期。

孩子为何爱发脾气

很多父母都发现，孩子两岁之后仿佛变了一个人，动辄发脾气，总喜欢与父母对着干，哪怕父母好言好语地与他们沟通，他们仍有可能与父母针锋相对。面对好坏不分、喜怒无常的孩子，父母不由得感到莫名其妙。

其实，孩子之所以出现这些反常的行为，是因为他们正在经历幼儿叛逆期。2~3岁的孩子处于幼儿叛逆期——人生中的第一个叛逆期。这是因为在两岁之后，孩子的自主能力渐渐形成，自尊意识也越来越强，为此，他们以自我为中心，任性霸道。此外，孩子慢慢进入秩序敏感期，却受到语言表达能力的限制，无法要求身边的人遵循秩序。因此，他们对物品的占有欲特别强烈，拒绝与其他小朋友分享自己的玩具和零食。面对该年龄段孩子的特殊表现，有的心理学家把这个时期称为执拗期。在执拗期，很多孩子过于自命不凡、自我膨胀，使他们无法忍受挫折和打击。为此，每当不如意时，他们就会以发脾气的方式表达情绪，给父母留下越来越乖张的印象。

那么，处于幼儿叛逆期的孩子，有哪些具体的行为表现呢？

把"不"挂在嘴边，父母越是不允许他们做什么，他们越是坚持要做什么，一不顺心就大哭大闹；

总是发脾气，任何小小的不开心和不满意仿佛都会惹得他们怒气冲天，在暴怒的情绪下，还会任性地丢掉玩具；

动辄大喊大叫，仿佛整个世界上的人都要围着他们转，都要想方设法满足他们的心愿；

喜欢插嘴，不礼貌地打断他人的话，只为了发表自己的看法，其实他们只是想提醒正在专心致志交谈的家人，让家人意识到他们的存在而已；

仿佛是天生的破坏大王，总是把各种玩具或者日常用品拆得乱七八糟，喜欢搞破坏，把父母辛辛苦苦收拾得整整齐齐的家弄得面目全非，且以此为乐……

上述就是很多处于幼儿叛逆期的孩子喜欢做的事情。作为父母，要了解孩子处于幼儿叛逆期的身心发展特点和行为举止特点，才能更好地引导和教育孩子。首先，父母要以充分的爱和足够的耐心对待孩子，不要因为孩子的叛逆表现就烦躁不安、怒气冲天。如果妈妈总是强行命令孩子，或者以高压政策对待孩子，孩子的逆反心理和叛逆情绪就会更加浓重。其次，为了表示对孩子的尊重，父母要给孩子一定的选项，这样孩子就有了相对的自主空间。例如，可以让孩子自主选择看哪一个睡前故事，决定吃什么水果，或者喝多少毫升奶。这个时期的孩子很喜欢自己做决定，也愿意承担一定的责任。最后，忽视孩子的无理要求，切勿一味地迁就和满足孩子。有些父母无限度地满足孩子的要求，导致孩子越来越骄纵，稍微感到不满意就躺在地上打滚，这无疑不利于孩子的成长。实际上，孩子一次次哭闹正是在试探父母的底线，因而面对孩子的哭闹行为，父母必须坚持原则，为孩子确立行为边界，这样才能爱之有度，教育有方。

总之，幼儿叛逆期关系到孩子一生的成长，父母要选择合适的教养方法帮助孩子平稳度过幼儿叛逆期，这样才有利于孩子形成健全的人格，养成受益一生的习惯。

蹲下来，从孩子的视角看世界

年末，妈妈带着娜娜一起参加公司举办的年会。年会上，既有高大的挂满礼物的圣诞树，也有品种繁多的自助餐，还有孩子最喜欢的甜品车。妈妈原本以为娜娜会欢呼雀跃，流连忘返，可没想到才不到半小时，娜娜就哭喊着要回家。妈妈用各种方法安慰娜娜，娜娜都不依不饶，仍然坚持要回家。无奈，妈妈只好蹲下想要抱起娜娜。这个时候，妈妈惊讶地发现，在娜娜的视角上没有圣诞树、自助餐和甜品，只有一条条或粗或细的腿和各种各样的鞋子。这一刻，妈妈知道了娜娜想要回家的原因。妈妈当即抱起娜娜，带着娜娜欣赏圣诞树上的礼物，自主选择喜欢吃的甜品和自助餐。娜娜终于破涕为笑，开始享用美食，玩得十分开心。

作为成人，我们总是误以为孩子看到的世界与我们眼中的世界是相同的，其实大错特错。只有蹲下来，我们才能真正看到孩子眼中的世界，也才能理解孩子为何会做出一些反应。我们不仅要蹲着看孩子眼中的世界，也要蹲着和孩子说话，这样才能直视孩子的眼睛，与孩子进行眼神交流，与孩子保持平等的姿态。

爱德华·桑代克是美国著名的心理学家。他认为，父母必须站在孩子的视角看待问题，才能真正了解孩子的心理需求，从而避免盲目地对孩子下结论，减少亲子冲突，赢得孩子的尊重和信任。

具体来说，父母要做到两点。

第一，站在孩子的角度，探究孩子做出某些行为的真正原因。大多数情况下，父母误以为孩子做出不合时宜的举动是在故意犯错，而没有耐心探究孩子的真实想法，自然也就无法正确解读孩子的行为表象。基于这样的想法，很多父母自以为是地为孩子指出错误，殊不知孩子根本没有犯错，而是有目的地做出相应的举动。与此同时，父母不要急于判定孩子某些行为的对错。如果实在无法理解孩子的行为，建议询问孩子，在得到孩子的回答和解释之后再给予中肯的评价。

第二，理解孩子，与孩子共情。在很多亲子关系中，父母与孩子之间仿佛是两条永远也不会相交的平行线，无法产生共鸣。例如，面对同样一件事情，父母认为不值一提，孩子却有可能耿耿于怀、伤心不已。由此一来，父母会指责孩子小题大做，孩子则抱怨父母不能理解他们。为了避免发生这样的情况，父母要主动设身处地感受孩子的情绪，蹲下来，把孩子拥抱在怀里，用温柔细致的爱温暖孩子，从而真正打开孩子的心扉，让孩子知道父母理解他们、尊重他们，是他们真正的朋友。

孩子为何哭闹不休

两三岁的孩子还不能熟练地运用语言表达自己的情绪、感受和需求，为此一旦感到不满意，就有可能哭闹不止。对人类而言，哭是一种本能，新生命从呱呱坠地开始就无师自通地哭泣，哭，是他们宣告降临人世的唯一方式。婴幼儿用哭泣表达复杂的情绪，诸如伤心、难过、委屈，也表达基本的生理需求，诸如吃喝拉撒等。尤其是婴儿，不管是饿了，还是渴了；也不管是撒尿了，还是拉臭臭了，他们唯一的语言就是哭泣。随着年纪增长，小小的婴儿不再愿意安分地躺在床上，而是想要投入妈妈温暖的怀抱，这时他们也会哭泣。显而易见，哭泣是婴幼儿与外界沟通的唯一方式，他们正是通过哭泣向外界传达重要的信息，寻求家人的帮助，从而得到帮助和满足。但是，很多新手父母都不理解婴幼儿哭泣的含义，反而因为婴幼儿频繁、持久的哭泣而感到厌烦。

面对哭闹不止的孩子，父母走向了两个极端，或者听若未闻，严令禁止孩子哭泣，或者无限度地满足孩子的需求，娇宠和纵容孩子。实际上，这并非解决孩子哭闹问题的正确做法。父母必须读懂孩子为何哭闹，把握孩子的真实需求，才能有针对性地采取措施帮助孩子。

周末，爸爸妈妈带着三岁的圆圆去商场里玩。原本，爸爸妈妈兴致勃勃，想要好好陪伴圆圆玩一天。却没想到，才刚刚来到商场，圆圆就看到了一家玩具店，非要进去买玩具。为了让圆圆开心，爸爸妈妈当即买下了圆圆看中的一辆轨道车。然而，在另一家玩具店里，园园又看上了一辆警车。爸爸妈妈耐心向圆圆解释道："圆圆，家里有很多玩具汽车，而且今天已经买了一辆轨道车，所以不能再买了。"

圆圆丝毫不听爸爸妈妈的解释和劝说，死死地抱着警车不撒手。无奈，妈妈只好抢下圆圆手中的警车，强行拉着圆圆走出玩具店。好不容易到了玩具店门口，圆圆就躺在地上撒泼打滚，不愿意离开。看到吸引了越来越多的人投来的异样眼光，爸爸只好回去买下玩具警车。圆圆拿着警车兴高采烈，爸爸妈妈却兴致全无，匆匆忙忙带着圆圆回家了。

在这个案例中，爸爸妈妈的妥协无异于在告诉圆圆：好吧，你一哭闹，我就拿你没办法，下次你可以继续使用这个撒手锏。爸爸妈妈不知道的是，孩子是最会察言观色的，一旦有一次使用这种招式获胜，他们就会频繁地使用这种招式以达成目的。面对孩子的撒泼打滚，父母要知道孩子情绪爆发的原因，继而冷静地处理问题。

父母可以蹲下来抱着孩子，让孩子得到安慰，等到孩子的情绪渐渐平复，再询问孩子坚持买玩具警车的理由，继而承诺孩子等到过生日或者六一儿童节再把玩具警车作为礼物。这样既能够帮助孩子控制情绪，也能够教会孩子控制欲望，接受延迟满足。父母还可以采取冷处理的方式，任由孩子哭闹，站到一旁安静地等待孩子宣泄完情绪。孩子只要意识到哭闹对父母不起任何作用，他们就会渐渐收敛，结束闹剧。

总之，父母要始终牢记，孩子不会没有任何原因地哭闹。对孩子而言，哭闹是一种倾诉的方式，也是一种宣泄情绪的方式。父母要耐心地探寻孩子哭闹背后隐藏的原因，才能有的放矢地解决问题。

孩子为何任性

很多父母都抱怨孩子太过任性，而从不用心了解孩子为何任性。从心理学的角度分析，孩子之所以任性，是因为他们缺乏认知和判断能力；因为他们坚持认为自己做的事情是正确的，父母眼中的任性对孩子而言是在坚持真理。举个简单的例子，孩子带着新玩具在小区的广场上玩，而且慷慨地和其他小朋友分享玩具。这个时候，他看到又有一个小朋友也拿来了新玩具，因而理所当然地认为既然自己能分享玩具，那个小朋友也应该分享玩具。在这种想法的驱使下，如果那个小朋友不愿意分享玩具，那么孩子就会理直气壮地抢夺玩具。这就是很多孩子抢夺其他小朋友玩具的原因。可见，孩子根本不知道每个小朋友都有权利决定是否与他人分享玩具，在小朋友不愿意分享的情况下，其他人是不能抢夺的。

在与成人相处的过程中，如果孩子坚持自己的想法，就会把自己的意愿强加给成人。一旦成人拒绝，他们就会哭闹。这是因为在三岁之前，孩子处于无意识吸收阶段，主要通过感知和各种动作探索外部环境。对孩子而言，这些都是成长的经验。他们在储存这些经验，却无法根据自身的需求有意识地提取经验，为我所用。换言之，三岁之前的孩子存在认知偏差，所以才会犯大人眼中的各种错误。

一天中午，爸爸正准备带着叮当午睡，叮当突然大声喊道："爸爸，踩背。"爸爸一开始没听懂叮当的话，叮当急得哇哇大哭，叽里咕噜地解释了半天，爸爸才恍然大悟。原来，爸爸曾经让叮当站在他的背上踩，以缓解肌肉疼痛，现在叮当也让爸爸站在他的背上踩。显然，叮当不知道他瘦弱的小身躯可禁不住爸爸踩。不管爸爸如何解释，叮当就是坚持让爸爸给他踩背。看着哇哇大哭的叮当，爸爸灵机一动，把妈妈喊到卧室里，控制好力度把一只脚踩踏在妈妈的背上，妈妈马上假装出痛苦万分的样子。叮当看到妈妈很疼，知道是爸爸踩背带来的伤害，现在哪怕爸爸主动要给他踩背，他也接连摇头。爸爸妈妈相视一笑，如释重负。

叮当还小，他以自己给爸爸踩背让爸爸感觉舒适的经验，判断出爸爸给自己踩背也能让自己感到舒适。以他的认知，还无法判断出爸爸能够承受他的身体重量，而自己却无法承受爸爸的身体重量。为此，他才会表现得很任性，坚持让爸爸帮他踩背。幸好爸爸很机灵，喊来妈妈趴在床上演示，让叮当知道爸爸把妈妈踩得很疼，从而促使叮当打起了退堂鼓，改变了固执的想法。

面对孩子任性的行为，父母要了解孩子为何任性。只有洞察孩子的心理原因，才能避免以强制手段激发起孩子的逆反心理，从而给出让孩子心服口服、主动改变想法的理由。如果孩子在短时间内不能理解父母讲述的道理，那么不妨采取转移注意力的方式，暂时让孩子关注其他事情。孩子的注意力保持的时间很短，也很容易转移到其他事情上，只要能在当下这一刻让孩子不再任性，未来完全可以找其他机会说服孩子。面对情绪冲动的孩子，父母还可以采取冷处理的方式，切勿与孩子针锋相对，导致孩子更加愤怒。所谓冷处理，指的是父母可以暂时离开孩子的身边，让孩子恢复冷静；也可以旁观孩子的撒泼打滚行为，而不采取任何措施。等到孩子发泄完负面情绪后，父母再对孩子讲道理，效果就会好得多。总而言之，父母要认识到孩子任性的深层次原因，知道孩子只是因为缺乏认知能力和判断能力才会固执己见。因此，面对任性的孩子，父母一定要耐心地开展教育和引导，只要能够提高孩子的认知，提升孩子的判断能力，相信孩子一定会做出更明智的选择。

孩子为何撒谎

面对2~3岁孩子的撒谎行为，父母无须惊慌，这是因为2~3岁的孩子

第一章 心灵密码

很有可能还无法准确区分现实和想象，他们并非故意撒谎，而是把想象当成现实。此外，还有些孩子是出于自我保护的目的而撒谎。例如，父母太过严厉地苛求孩子，甚至责骂孩子，那么孩子就会以撒谎的方式保护自己。还有些孩子非常聪明，他们明知道父母会拒绝他们的一些请求，但是为了达成目的，就会在潜意识的驱使下，采取撒谎的方式。

父母不要因为孩子撒谎就如临大敌，而是要分析孩子撒谎的各种原因，才能有针对性地采取相应的措施。

晓明三岁三个月，刚刚进入幼儿园小班。从一开始的哭闹不休，到现在终于能不再哭闹着入园了。看到晓明的进步，老师和妈妈都如释重负。这天，晓明刚刚来到幼儿园，才挥手和妈妈再见，就对老师说："老师，我肚子疼。"老师看到晓明脸上并没有痛苦的表情，因而问道："肚子真的疼吗？"晓明毫不迟疑点点头。老师又说："那么，老师带你去医院吧！"晓明眼珠子咕噜噜一转，对老师说："老师，你让妈妈接我吧，妈妈知道医院在哪里。"老师大概知道了晓明的花招，继续试探晓明："妈妈来接你，说不定你的肚子就好了吧！"老师的话显然说到了晓明的心坎里，他接连点头，面露微笑。

老师当着晓明的面给妈妈打电话，说："晓明妈妈，晓明又说肚子疼，还说只要你来接他就好了。"妈妈听懂了老师的言外之意，也知道老师打开了扬声器，因而说道："老师，我现在很忙，必须等到下午才能去接晓明。要么您把他送回家，锁在家里吧。"老师挂断电话，对晓明说："晓明，既然你肚子疼，老师允许你躺在床上休息一会儿。或者，老师也可以把你送回家，锁在家里。"晓明想了想，说："老师，我还是去床上躺一会儿吧。"晓明只在床上躺了几分钟，就起来和小朋友们一起做游戏了。

孩子虽然小，却有自己的小心思，为了达成目的，他们会撒谎，这也是人之常情。面对孩子的小小谎言，老师和父母都无须当即拆穿，只要以委婉的方式打消他们不切实际的念头即可。在上述案例中，老师的做法是非常好的，她先是以试探的方式得知晓明并非真的肚子疼，又与晓明妈妈通电话，从而让晓明知道被锁在家里还不如留在幼儿园，再让晓明自主地做出选择。经过老师和妈妈的一番"表演"，相信晓明当天再也不会奢望回家了。

　　面对孩子撒谎，父母首先要探究孩子撒谎的真实动机。有的孩子突然告诉妈妈自己可能发烧了，妈妈在测量之后发现孩子体温正常，就应该想到孩子有可能是想寻求关注，得到陪伴。有的孩子临出门前说肚子疼，吭吭唧唧不愿意出门，很有可能是想逃避去幼儿园。俗话说，解铃还须系铃人，要想戳穿孩子撒谎的真相，父母就要多多关注孩子，洞察孩子的内心。

　　有些父母对撒谎深恶痛绝，一旦发现孩子撒谎，就认为孩子品行恶劣。其实，孩子单纯的谎言与很多成年人怀有恶意的谎言是不同的。父母切勿以暴力方式纠正孩子的撒谎行为。一则，暴力行为会伤害孩子的身心健康；二则，暴力行为反而会强化孩子的撒谎行为，使孩子因为恐惧，想要逃避惩罚，而撒更多的谎。

　　从家庭教育的角度来说，父母一定要以身作则，成为孩子的好榜样，才能对孩子起到积极的教育作用。新生命从呱呱坠地就在父母的身边成长，他们的目光仿佛是最敏锐的雷达，能够捕捉到父母的一切言行举止。所谓身教大于言传，即父母的身体力行将会潜移默化地影响孩子，孩子也许无法成为父母期望的样子，却一定会成为和父母一样的人。例如，父母谎话连篇，孩子必然撒谎成性；父母常常失言于孩子，孩子必然缺乏诚信。父母要知道，撒谎只是孩子成长过程中的突发性行为，只要加以正确的引导和教育，让孩子知道撒谎的危害，孩子就会形成诚信的品质，也以诚信立足于世。

孩子为何说脏话

两三岁的孩子正处于语言敏感期。在这个阶段，孩子的语言能力得到快速发展，又因为好奇心的驱使，所以他们很喜欢模仿他人的言语。很多孩子之所以说脏话，也许是因为听到某个人说脏话觉得有趣，也许是想通过说脏话吸引父母的注意。很多孩子压根不知道脏话表达的具体意思，更不知道脏话适用的情境，却在说话时观察到他人的愤怒而感到好玩。当初步判断孩子是因为模仿或者好奇而说脏话时，父母无须紧张地向孩子强调不能说脏话，也不要表现出特别生气或者愤怒的样子，这些过激的行为都会强化孩子的行为。父母只要佯装没听见孩子说脏话，一如往常地表现，既不要指责孩子，也不要纠正孩子，甚至连看都不看孩子一眼，那么孩子很快就会因为没有得到父母的回应和关注而忘记说脏话。反之，如果父母在听到孩子说脏话之后当即严厉地训斥孩子，追问孩子是从哪里学会说脏话的，还质问孩子为何要说脏话，那么孩子就会对脏话倍感好奇。为了验证脏话的威力，他们很有可能反复说脏话。

也许有父母会问，在经过冷处理之后，如果孩子继续说脏话，又该怎么办呢？的确，这是个难题。不过，这个难题并非无解。

依依三岁了，原本是个特别乖巧可爱的女孩，最近却学会了说脏话。有一天，依依正在广场上和其他小朋友一起玩，有个小朋友不知道对依依说了什么，依依很生气地推了小朋友一把，还大声说道："放屁！"那个小朋友委屈地哭起来，妈妈赶紧向前批评依依，还责令依依向那个小朋友道歉。

这天中午，依依想去找囡囡玩。妈妈说："依依，囡囡这会儿正在午睡呢，咱们要等到傍晚的时候再去找她玩。"依依凶巴巴地对妈妈说："放屁，我就要去找囡囡！"第二次听到依依说这么难听的两个字，妈妈没有和上一次一样生气地要求依依道歉，而是假装没听见，离开依依的身边。其实，妈妈心里很着急，不知道依依为何会说这两个字。在经过若干次的冷处理之后，依依还是时不时会说"放屁"这两个字。妈妈意识到，一定是有人在依依面前说这句话。她思来想去，也没想到有谁会说这句话。直到有一天遇到了依依的一个同学，听到那个同学说起这两个字，妈妈才恍然大悟：原来，依依总也忘不掉这句话，是跟同学学的。后来，妈妈把这件事情告诉老师，让老师联合那位同学的家长一起净化语言环境，过了很久，依依和她的同学终于都忘掉了这句脏话。

两三岁的孩子很善于模仿，而且在模仿之前，他们并不会有意识地区分言行的好坏。除此之外，还有些孩子说脏话是为了吸引大人的关注，或者表达某种力量，宣泄负面情绪等。总之，孩子说脏话的原因各种各样，父母要挖掘孩子行为背后深层次的心理动机，才能满足孩子的心理需求，帮助孩子切断脏话的传播途径，有效降低孩子说脏话的频率。

具体来说，面对说脏话的孩子，父母应该采取以下两种措施。

首先，当孩子说脏话，切勿表现得大惊小怪。从语言能力发展的角度来说，说脏话恰恰意味着孩子开始咬文嚼字，象征着孩子的语言表达能力更上一层楼。

只要不表现得过于大惊小怪，就不会强化孩子说脏话的行为。

其次，以平静的语调告诉孩子说脏话的坏处，例如，会招致小朋友的讨厌，被小朋友疏远；会被老师批评，失去老师的喜爱。在陈述各种坏处之后，父母无须强求孩子不许说脏话，而是要让孩子自主地做出选择，是继续说脏话，还是再也不说脏话。尽管两三岁的孩子还小，可也已经具备了一定的思考能力和判断能力，相信他们会做出正确的选择。当主动选择不说脏话，他们就会努力践行。

总之，父母要以极大的耐心引导孩子，让孩子意识到说脏话是一种很不好的行为，会招致他人的讨厌。记住，切勿强行压制孩子，否则就会导致事与愿违。

第一章 心灵密码

了解叛逆心理，打破恶性循环

很多孩子都有叛逆心理，尤其是在幼儿叛逆期，孩子很容易处于叛逆的恶性循环之中。众所周知，幼儿叛逆期是孩子人生中的第一个叛逆期，在两岁之后，孩子仿佛彻底变了，最喜欢说的一个字是"不"，最喜欢说的两个字是"我不"，最喜欢说的三个字是"我就不"。例如，正在吃饭，孩子突然叫嚷着要出去玩，妈妈好言劝说吃完饭再出去玩，孩子却生气地拒绝吃饭，说道："我不，我现在就要玩！"再如，面对满屋子乱七八糟的玩具，妈妈让孩子收拾玩具，孩子却故意把玩具丢得到处都是，嘴里还喊着："不！不！不！"仅从表面来看，孩子似乎是故意与妈妈对着干，实际上，妈妈只要走入孩子的内心世界，了解孩子行为背后的心理动机，就能帮助孩子打破叛逆的恶性循环。

从心理学的角度来说，孩子处于心智发育的过程中，表现出叛逆的行为是正常的，恰恰标志着孩子渐渐形成自我意识。两三岁孩子的自我意识越来越强，他们不想再完全依靠父母做每一件事情，而是想要依靠自身的能力做好很多事情。当然，因为能力限制，他们能做的事情是极其有限的。在这种情况下，父母为了满足孩子的心理发展需求，切勿凡事都为孩子代劳，而是要给予孩子一些机会做能做的事情。例如，一岁的孩子只要学会走路，就能把自己用过的尿不湿扔到垃圾桶里；两岁的孩子可以自己洗手帕，笨拙地拿起小拖把帮助妈妈拖地。面对孩子弄巧成拙的场面，有些父母特别心急，当即抢过孩子手里的劳动工具，禁止孩子继续劳动。明智的父母知道，哪怕孩子洗手帕把全身的衣服都弄湿了，哪怕孩子拖地弄得满屋子都是水渍，也不能制止和指责孩子，因为孩子的初心是帮助父母做家务，而不是故意捣乱与父母作对。父母要认可孩子的行为，这样才能帮助孩子坚持发展自我意识。

大部分两三岁的孩子都无法运用语言准确地表达情绪，一旦对某些事情感到不满，或者伤心、难过，他们只会哭闹。面对哭闹不休、固执己见的孩子，父母切勿简单粗暴地给孩子贴上叛逆的标签，而是要读懂隐藏在孩子叛逆行为背后的深层心理原因。父母要观察孩子的行为举止，以孩子能够理解的语言与孩子沟通。有些父母特别急躁，只要对孩子感到不满意，就打骂、吼叫，这只会使孩子的内心充满恐惧，也会使孩子陷入叛逆的恶性循环，无法挣脱。

一直以来，妈妈都为小贝挑食而苦恼。每天，哪怕妈妈绞尽脑汁变着花样地做美食，小贝也只吃几口就不吃了。和同龄人比起来，小贝显得特别瘦弱，身高远远低于同龄人，身上更是皮包骨头。原来，小贝不爱吃肉，只吃蔬菜。有的时候，看到小贝只吃了几口就放下碗筷，妈妈就忍不住训斥："你看看你，长得跟个豆芽菜一样，带你出去都觉得丢人！"小贝常常委屈地哭起来。然而，他挑食的情况从未改变。

周末，小姨来家里做客，妈妈做了满满一大桌子美食，小姨忍不住大快朵颐。席间，她看到小贝只吃了几口青菜就不吃了，问道："小贝，你为何不吃肉呢？虾也很鲜美啊！"小贝说："小姨，我是小白兔，小白兔只吃青菜。"听到小贝的回答，小姨忍不住笑起来，说："小贝，你知道森林里的大王是谁吗？"小贝想了想，发出虎啸和狮吼，小姨竖起了大拇指，说道："小贝，小白兔固然可爱，但在森林里很难生存。你要成为森林之王，对不对？"就这样，在小姨的鼓励下，小贝吃了好几块排骨，还吃了好几只虾，因为小姨告诉他要想当科学家，吃虾才能变聪明。

小姨以小贝喜欢的语言与小贝沟通，既了解了小贝只吃青菜的原因，又说服小贝开了荤。由此可见，父母与孩子沟通一定要讲究方式方法，而不能一味地批评孩子。

在很多家庭里，父母都不懂得尊重孩子，这必然会导致孩子更加叛逆。很多父母还会把孩子做得不好的方面与其他孩子比较，使孩子误以为父母只喜欢其他孩子，而不喜欢自己。其实，鼓励孩子的方式多种多样，例如表扬孩子，与孩子开展比赛，等等。

总之，在幼儿叛逆期，孩子的自我意识渐渐觉醒，父母必须了解孩子深层次的心理，才能教育和引导孩子。

第二章
性格养成

　　3岁之前，孩子正处于发展语言能力、生活自理能力，以及养成性格的关键时期。父母必须把握孩子这个关键时期，尤其是要把握2～3岁的幼儿叛逆期教育和陪伴孩子，才能保证孩子健康快乐地成长。

三岁看老有道理

民间有句俗话，叫作三岁看老。这句话是有心理学依据的，因为在三岁之前，正是孩子养成性格的关键时期。其实，哪怕是在小时候，也能看出孩子的很多性情，这些性情将会影响他们的一生。很多父母都望子成龙，望女成凤，希望孩子将来能够出人头地，有所作为，也拥有幸福圆满的人生。那么，父母一定要抓住三岁之前的时期，好好培养孩子。

新生命从呱呱坠地到三岁之前的时期，被称为婴儿期。在婴儿期，孩子的生理和心理都处于快速发育状态。有些父母误认为只要满足婴儿期孩子的基本生理需求即可，无须过于关注他们的心理状态和性格养成。这是极大的错误。在三岁之前，一旦孩子表现出显而易见的缺点或者不良习惯，父母必须及时纠正，否则孩子就会错过养成性格的关键时期，影响未来的成长和发展。

若若三岁，是个不折不扣的"小公主"。所有亲戚朋友都知道若若性格倔强，被骄纵得无法无天，也对若若父母的教育方式颇有诟病。例如，妈妈从来不敢带若若去商场，是因为若若见到什么就要买什么，如果妈妈拒绝了她的要求，她就会躺在地上打滚哭嚎。在幼儿园里，若若更是其他小朋友避之不及的小魔王。不管是幼儿园里小朋友们一起玩的玩具，还是其他小朋友从家里带来的玩具，若若只要想玩就会抢。隔三差五，妈妈就要去幼儿园里赔礼道歉。有些家长甚至提出，如果不把若若从班级里调走，他们就要组团转学。可想而知，若若招人讨厌到什么程度。

在婴儿期，若若这样的情况并非个例。很多与若若一样骄纵任性的孩子都是家里的独生子女，是十八里地的一棵独苗。为此，他们从小就被全家人众星捧月，不管有什么要求都能得到满足。渐渐地，他们的性格越来越独断专行，因而一旦走出家门，进入幼儿园等社会环境中，就会招人厌恶。父母意识到孩子的性格扭曲之后，必须及时采取有效的教育措施以纠正。

早在1980年，就有心理学家研究了1000名三岁的幼儿，发现这些幼儿小时候呈现出的性格特点直到长大成人依然没有改变。这意味着孩子在三岁之前养成的性格特质，将会影响长大之后的性格。很多父母以孩子还小为由放纵孩子，认为是解放孩子的天性，却不知这会导致孩子的性格堕落。不管是多大的孩子，父母都不应该溺爱和骄纵孩子，更不应该任由孩子如同脱缰的野马一样生长。

很多心理学家经过研究证实，孩子在婴儿期的行为倾向会导致他们成年之后产生很多心理问题。父母必须重视孩子三岁之前的性格养成时期，全面地关注孩子，有效地引导孩子，帮助孩子形成良好的性格。

具体而言，当发现孩子特别爱发脾气，任性妄为时；当发现孩子喜欢欺负他人时；当发现孩子过度害羞时；当发现孩子过于内向自卑时，父母都要有意识地引导孩子，帮助孩子战胜不良性格倾向的影响，形成健全的人格和良好的性格。

亲密关系很重要

如今，很多父母忙于工作，或者把孩子送回老家让老人代为养育，或者把老人接到家里负责照顾孩子。因此，他们疏于对孩子的陪伴和照顾，误认为孩子三岁之前只要吃饱穿暖、保证安全即可。从心理学的角度来看，这样的育儿观念完全是错误的。越是在三岁之前，父母越是要多多陪伴孩子，与孩子建立亲密无间的亲子关系。三岁之前的孩子并非像很多父母以为的那样不懂事，没有记忆，所以交给任何人抚养都可以，只要满足其生理需求即可。这样的想法大错特错。

有人说，孩子与妈妈之间要经历四次分离，分别是脱离子宫呱呱坠地、戒断母乳开始吃人间百味、离开家进入校园求学和结婚组建属于自己的小家庭。在出生的那一刻，冷冰冰的手术剪刀剪断了脐带，小生命离开了自己生存十个月的温暖子宫，实现了与妈妈的第一次分离。幸好，他们可以躺在妈妈温暖的怀抱里，听着妈妈熟悉的心跳，嗅着妈妈熟悉的味道，吮吸着甘甜的乳汁。在这个时期，孩子与妈妈的关系是特别亲密的，也要依靠妈妈的哺育才能存活。直到孩子一岁，妈妈帮助孩子戒掉母乳，就此，因为哺乳而形成的亲密关系结束了，这就是妈妈与孩子的第二次分离。第三次分离发生在孩子三岁时，孩子必须离开妈妈的身边去幼儿园里生活。在这个阶段，孩子和妈妈都会产生强烈的分离焦虑。从此之后，孩子开始了漫长的求学生涯，直到长大成人走向独立，然后遇到爱的人，组建属于自己的小家庭。从此妈妈与孩子渐行渐远，甚至只能目送着孩子远去。

从上述四次分离中，我们不难看出有两次分离都发生在孩子三岁之前。由此可见，妈妈一定要抓住孩子三岁之前的成长阶段，与孩子建立亲密的亲子关系；如果没有建立，那么在三岁之后就很难与孩子亲密无间。

事实证明，孩子三岁前是否有妈妈的陪伴的表现是截然不同的。对孩子而言，物质上的支持固然能保障他们的成长所需，陪伴给予的安全感却是多么富足的物质都不能替代的。没有父母的陪伴，孩子也许在物质上很富足，却无法拥有满溢的幸福；有父母的陪伴，孩子即使在物质条件上只能勉强满足，也会获得满溢的幸福。人们常说幸福得快要溢出来了，其实是形容饱满的爱和充足的安全感。得到父母的爱与陪伴，获得安全感，孩子就不会因为小小的挫折和磨难而退缩，也不会因为一些小事情就惶恐不安。因为感受到父母的爱，拥有无限的幸福，所以他们会成长为有爱心的人，也愿意竭尽所能地帮助他人。

很多父母在孩子小时候疏于陪伴孩子，等到孩子进入青春期，却又抱怨孩子和自己不够亲近，疏远他们。记住，对孩子而言，陪伴才是最长情的告白。每一位父母既要生育孩子，也要养育孩子，才能深入参与和见证孩子的成长！孩子的成长是不可逆的，三岁之前，父母不管多么辛苦，都要克服万难陪伴在孩子身边！

自我意识萌芽期的引导

两岁，孩子的自我意识开始萌芽，由此产生了强烈的占有欲，对一切东西都认为是"我的"。除了"我不"之外，他们最喜欢说的两个字还有"我的"。在这个阶段，他们还不能区分物权归属，因而对自己想要的一切东西，都会归为己有。随着不断成长，他们才能渐渐地区分自我和外部世界，也才能区分哪些东西是自己的，哪些东西是他人的。受到心理发展规律的影响，孩子的很多行为都以自我为中心，因而被父母指责"小气鬼""抠门"等。

例如，孩子特别看重自己的玩具，每时每刻都看守着自己的玩具，即使自己不玩，也不愿意把玩具借给其他小伙伴玩；孩子越来越不听话，妈妈让他往东，他偏偏要往西，妈妈让他停手，他偏偏要继续干。面对着仿佛一夜之间变成冤家对头的孩子，父母很纳闷，也很紧张，甚至给孩子贴上"叛逆"的标签。其实，父母无须烦恼，因为这些行为恰恰标志着孩子形成了自我意识。

在自我意识萌芽期间，孩子会有各种各样的表现，这种表现常常被成人误以为是小气的、自私的。从心理发展的角度来看，孩子正是因为懂得"拥有"，才会表现得不愿意分享，也坚决维护属于自己的东西。为了维护玩具等物品的所有权，有些孩子还会动用武力。只要度过这个阶段，做好充分的心理准备，孩子就不会再这么小气和自私了。

说起分享，我们必须强调的是，要尊重孩子的意愿。很多父母单纯地认为只有乐于分享的孩子才是好孩子，而面对拒绝分享的孩子，他们不但批评和指责孩子，还会强迫孩子分享。这样的行为将会严重损害孩子的心灵。分享一定要以孩子自愿为前提；如果孩子不愿意分享，父母要尊重孩子的意愿。

一个午后，妈妈带着安然去小区的广场上玩。安然带着足球，在空旷的草坪上玩得不亦乐乎。一会儿，有个胖乎乎的男孩走了过来，想要和安然一起踢球。显然，安然独自玩得开心，并不欢迎男孩加入。因此，她拒绝了男孩的请求。男孩感到很丢面子，索性抢了安然的足球。妈妈安静地站在一旁看着，在安然没有求助或者事态不可控制之前，她想看看安然如何应对这样的局面。

很快，安然就冲上去把球抢回来了。男孩看到安然不好欺负，扭头冲着安然的妈妈喊道："她可太小气了，不愿意分享。"妈妈微笑着看着男孩，说道："孩子，这是她的玩具，她可以决定是否与你分享，我也不能强求她。"男孩悻悻然地离开，安然继续独自玩足球，非常开心。

案例中的妈妈保护了安然的自我意识发展，相信这对安然以后捍卫自己的权利是极有好处的。如果妈妈不由分说地批评安然，强迫安然和男孩一起玩足球，就会对安然造成困扰，使安然不知道自己未来遇到这样的情况应该怎么做。有些父母还会批评孩子太自私、太小气，更是会严重破坏孩子的自我意识。

每一位父母首先要学会尊重孩子的"占有欲"，才能引导孩子学会分享。从心理发展的规律来说，孩子只有先学会占有，才能学会分享，换言之，占有是分享的前提。如果不能建立自主权和认同感，孩子就无法感受分享的乐趣。

要想保护孩子的占有欲，引导孩子建立自我意识，父母首先不能强迫孩子分享，其次要把决定是否分享的权利交给孩子，最后还要对孩子的成长充满信心。

孩子的成长是有规律的，等到度过了占有欲强烈的时期，他们也许就会尝试着用自己的东西和他人交换，从而收获分享的快乐。

培养孩子的意志力

在现代社会，每个人都承受着压力，因此意志力对突破困境、寻求创新显得尤为重要。父母要抓住幼儿叛逆期，培养孩子的意志力和人格，这对孩子未来的成长将会起到长远的影响和作用。如果父母能够从小帮助孩子培养坚定的意志力和正直的人格，那么孩子必将一生受益无穷。很多父母尽管已经意识到这件事情的重要性，却不明白究竟如何才能做好这一点。

正如一位名人所说，在这个世界上，从未有两片完全相同的树叶。同样的道理，这个世界上也没有两个天性相同的孩子。孩子即使再小，也是独一无二的生命个体，有与众不同的性格特点，所以这就注定了不管是家庭教育还是学校教育，都不可能"放之四海而皆准"。

作为父母，带着对孩子殷切的期望，当然想要为孩子打造一套成功的教育模式和成长模式，这就必须先解读孩子的成长密码。所谓成长密码，就是孩子天生的气质。希波克拉底是古希腊著名的医生，针对不同的人格特质，他区分出了多血质、胆汁质、黏液质和抑郁质。他认为，每个人都拥有不同的气质，所以表现出不同的人格特质。这个规律同样适用于孩子。

多血质的孩子精力充沛，对新鲜的事物满怀好奇，对新环境具有很强的适应能力，缺点是不能长久地保持专注，很容易被其他的新鲜事物吸引注意力。胆汁质孩子通常特别勇敢，目标明确，意志力坚定，会想方设法得到自己想要的一切，为了达成目的拼尽全力。不过，他们会遵循常规思路，缺乏创新意识。黏液质孩子属于慢热型的，他们需要一定的时间才能接受新鲜事物，每到一个新的环境都需要一段时间适应，但好在情绪稳定，很恋旧。抑郁质孩子对一切事物都提不起兴趣，敏感多疑，情绪低落，喜欢独处，明显不合群。

根据上述四种气质类型，父母可以对号入座。需要注意的是，每个孩子并不会特别典型地表现出唯一的气质类型，而是会以一种或者两种气质类型为主，兼具其他类型的气质。因此，父母既要考虑到孩子主要的气质类型，也要考虑到孩子次要的气质类型，从而因材施教，制订符合孩子气质类型的教育模式。

多血质孩子缺乏耐力，做事情不能持之以恒，因而父母要侧重于培养孩子的坚持力；胆汁质孩子容易冲动，性格暴躁，因而父母要侧重于培养孩子的自制力；黏液质孩子因循守旧，耐力出色，但是适应力有所欠缺，因而父母要侧重于培养孩子的适应力；抑郁质孩子性格孤僻，敏感多疑，因而父母要侧重于培养孩子的社交力与合作力，引导孩子扩大社交圈子，结交更多朋友，从而发展合作力。总而言之，父母要认清楚孩子的气质类型，做到有的放矢，因材施教，才能事半功倍，助力孩子成长。

情绪爆炸期唯我独尊

两三岁的孩子正处于情绪爆炸期，不管做什么事情，都坚持以自我为中心，这就导致他们凡事都与父母对着干，绝不愿意顺从父母。对这个阶段的孩子，父母难免会感到陌生，也无从应对孩子的各种表现。具体而言，孩子总是与父母唱反调，最喜欢说的一个字就是"不"。在反抗父母的过程中，他们自我感觉良好，认为自己很棒，这使得他们变本加厉，不懂收敛。

自从小雨提前上了幼儿园的托管班，妈妈就感到特别头疼。一开始，小雨整日哭闹着不愿意去幼儿园。其他小朋友只哭两三天就接受了必须去幼儿园的现实，而小雨哭了整整两个星期。两个星期后，她虽然不哭了，却又出现了很多其他问题。例如，老师上课时，小雨完全不受指挥，总是随意走出座位，满屋子乱窜；中午午休，其他孩子即使不睡觉也能老老实实躺在床上，小雨却扰乱午休秩序，大喊大叫，又蹦又跳；吃饭时，小雨不但把不爱吃的东西丢得满桌子都是，还告诉其他小朋友某种食物不好吃，要扔掉。总之，妈妈每天都会收到老师的告状。

回到家里，小雨也不消停。他迫不及待想看动画片，妈妈告诉他播出时间还没到，他就大哭起来。到了睡觉的时间，家里就会爆发"战争"，因为小雨想尽办法拖延睡觉，更不愿意配合洗漱。想到小雨去幼儿园之前的乖巧，妈妈感觉小雨像换了个人似的。

在这个案例中，小雨叛逆期的到来恰好与去幼儿园的托管班重合了，所以妈妈误以为小雨是因为去幼儿园才会有这样的改变。其实，小雨两岁多进入幼儿园的托管班，与此同时也进入了幼儿叛逆期。

不难判断，小雨进入了自我意识敏感期。在这个特殊的时期，小雨开始学会从自己的角度看待世界，不管处理什么问题都以自我为中心，达到自己的目的。这使小雨显得任性霸道、蛮不讲理，稍不满意就情绪爆发，暴跳如雷。父母一定要通过孩子不听话的行为，了解孩子的身心发展特点，这样才能给予孩子足够的爱心，也给予孩子充足的耐心，从而陪伴孩子度过自我意识敏感期。

在自我意识敏感期，孩子不听话，是因为他们有了独立意识，父母切勿威胁孩子，否则就会压抑孩子的自我意识发展。明智的父母面对孩子的反抗，会询问孩子内心的真实想法，尽量以尊重且与孩子平等沟通的方式，与孩子达成共识以解决问题。

首先，父母要理解孩子的情绪。孩子虽然才两三岁，但与成人一样是独立的个体，会产生各种情绪。父母既要看见孩子，也要觉察孩子的情绪，更要倾听孩子情绪背后隐藏的心声。唯独如此，孩子才能信任父母，获得安全感。

其次，随着孩子的能力不断提升，父母要学会放手。例如，孩子不喜欢被喂饭，父母要让孩子独立吃饭，哪怕孩子把饭菜弄得到处都是，这对孩子而言也是成长；孩子不喜欢被牵着手走路，父母要学会放开孩子的手，让孩子独立走路，哪怕孩子跟跟跄跄甚至摔倒，随着不断练习也会走得越来越好。

最后，父母要为孩子制订奖惩措施。常言道，没有规矩，不成方圆。要想教出懂得遵守规矩的孩子，父母既要制订奖惩措施，也要耐心地引导孩子遵守规则，接受奖励或惩罚。这样孩子才能明确行为边界，在各个方面做出更好的表现。

总而言之，两三岁的孩子就像是一棵幼苗，充满生命力，也充满无限的可能性。父母唯有耐心地引导孩子，陪伴孩子成长，才能为孩子保驾护航，见证孩子成长为参天大树。

慎用惩罚，培养自信

在帮助两三岁的孩子养成规矩意识，确立行为边界时，父母要慎用惩罚。一旦过度使用惩罚措施，就会使孩子畏手畏脚，缺乏自信。从正面管教的意义上说，惩罚不属于正面管教，很容易对孩子造成负面影响。但是，惩罚的效果的确立竿见影，因此，很多父母都倾向于惩罚犯错的孩子。对此，中国传统的教育思想有看似合理的解释——棍棒底下出孝子。几千年来，中国始终流传这样的教育思想，然而，这种教育思想并不会因为存在的时间长而变得正确和值得推崇。从现代教育思想的理念上看，棍棒底下出孝子是被诟病的。

第二章 性格养成

在现实生活中,很多父母沿袭传统的教育观点,对孩子非打即骂,在家庭教育中摆出一副高高在上、不可一世的姿态。尽管能以打骂暂时改变孩子的行为,却不能从根源上转化孩子的思想,更不能让孩子心甘情愿地配合和接受父母的教育。这是因为传统教育忽略了孩子是独立的生命个体,不承认孩子有自己的思想和主见。现代的父母一定要有开明的教育思想,与时俱进地紧跟孩子成长的脚步,探究孩子行为背后的深层次思想原因。唯有如此,才能从根本上改变孩子,也让孩子积极主动地改变自己行为。

在传统的教育模式下,孩子的力量与父母的力量相差悬殊,无法与父母的力量抗衡。为此,他们也许会一时屈服于父母的打骂,却会抓住机会反抗父母,践行自己的观点。等到孩子渐渐长大,力量足以与父母抗衡,也就是在进入青春期之后,会不服从父母的管教,爆发出此前压抑的负面情绪,表现出极端的叛逆。此外,父母严厉惩罚孩子,还会导致孩子对父母心生恨意,留下严重的心理阴影。近年来,有几起青春期孩子残忍杀害父母的案件令人震惊,如果从心理学的角度分析,就会发现这些父母无一不长期严厉压制、严格管教孩子,所以孩子才会在某种特殊的时刻对父母痛下杀手。这是家庭教育的悲剧,也值得引起全社会的反思。

周末,妈妈带着悦悦去超市购物。看到超市柜台上五颜六色的糖果,悦悦被吸引住了,当即央求妈妈为她买一颗糖果。然而,妈妈坚决拒绝了悦悦的请求,还严肃地告诉悦悦,吃糖果会导致蛀牙。妈妈的拒绝没有打消悦悦的念头,反而让她歇斯底里地哭了起来。妈妈很恼火,狠狠地拍打了一下悦悦的后背。悦悦立即停止哭泣,顺从地跟着妈妈离开了糖果的柜台。但是,悦悦从此之后留下了心理阴影,妈妈的手只要一动,她就忍不住退缩。看到悦悦害怕的样子,妈妈很后悔因为一块糖果就给悦悦带来这样的心理伤害。后来,妈妈给悦悦买了一些糖果,允许悦悦每天都吃一块糖果,可是悦悦直到几年之后才不害怕妈妈抬手这个动作。

在这个案例中,妈妈猝不及防地打了悦悦的后背,使悦悦感到特别恐惧，于是只要一看到妈妈抬手，就会因为害怕而退缩。虽然吃过量的糖果的确会导致孩子蛀牙，但是适度吃可以满足孩子的愿望，让孩子感受到幸福，所以父母在给孩子吃糖这件事情上切勿犯教条主义的错误。即使孩子任性，父母也不要轻易惩罚孩子，因为孩子还不具备理性思考的能力，很容易形成不好的条件反射。

有些父母常常打骂孩子，使孩子变得胆小畏缩，即使在家以外的地方被人欺负了，也不敢还手，更不敢哭泣。在这个意义上，父母切勿频繁惩罚孩子，而是要用心维护孩子的自尊。

当必须惩罚孩子时，首先，父母要避免打孩子的脸，这是维护孩子自尊的基本原则。很多父母抬手就打孩子的脸，践踏孩子的尊严，导致孩子低自尊，这是不利于孩子健康成长的。其次，即使要惩罚孩子，也要听一听孩子的想法，这是避免孩子因为受到惩罚而憎恨父母的好方法。由孩子提出惩罚的方式，孩子就会消除对父母的憎恨，也能因此而起到避免再犯同样错误的作用，可谓一举两得。最后，父母惩罚孩子要坚持就事论事的原则，不要随意向孩子发泄负面情绪。有些父母会把工作中的不愉快，或者是把夫妻相处的烦恼发泄到孩子身上，这对孩子是极其不公平的。父母必须坚持就事论事的原则，让孩子明确知道自己为何要受到惩罚，这样才能起到惩罚的作用，也才能真正解决问题。

俗话说，不忘初心，方得始终。父母惩罚孩子，目的在于帮助孩子改正错误，成为更好的自己，所以不要以棍棒代替教导，不要让打骂成为家庭教育的常态。父母教育孩子的终极目的，是希望孩子健康自信，所以要慎重使用惩罚，用心呵护孩子的自尊和自信。

宽容以待，教会诚实

每个孩子都会犯错误，孩子正是通过不断犯错、改正错误而成长的。面对犯错的孩子，如果父母动不动就进行惩罚，孩子就会养成撒谎的坏习惯。惩罚将会直接导致孩子变得越来越"聪明"，等到再次犯错的时候，他们会在父母发现真相之前就尝试以各种方法掩盖真相以拒绝承认错误。这么做的目的很明显，那就是避免遭到父母的惩罚。

其实，孩子并非天生就会撒谎。可以说，撒谎是在孩子学着适应父母教育、学习适者生存的过程中被迫习得的"技能"。在家庭教育中，如果父母教育孩子的方式方法不恰当，诸如简单粗暴、非打即骂等，那么孩子就会被迫撒谎。很多父母误认为即使打骂孩子也没关系，因为孩子很快就会忘记，这样的想法大错特错。孩子身体瘦小，力量柔弱，无法从理性的角度权衡利弊，只会本能地出于恐惧而做出更具危害性的事情。为了避免孩子因为无奈和恐惧而逃避畏缩，用谎言保护自己，父母必须站在孩子的角度和立场上思考问题，也要避免打骂、严厉训斥孩子。

具体而言，父母不由分说地体罚孩子，将会给孩子造成三个严重危害。

首先，常常被惩罚的孩子，会越来越胆怯。父母要知道，孩子正是通过不断尝试来探索世界的，所以要提供机会让孩子试错，而不要过于严格、苛刻地对待孩子。有些父母对孩子的管教过于严格，既不允许孩子玩各种各样的游戏，也不允许孩子吃各种各样的食物，结果孩子仿佛成为父母的提线木偶，过于安静，缺乏生机和活力。一个身心健康的孩子理应是顽皮淘气的，时不时地还会犯错误。从这个意义上说，父母不要担心孩子会因为顽皮而破坏家里的一些物品，反而要激励孩子发挥天性，自由自在地玩耍，努力探索未知的世界。

心理学家经过研究发现，父母过于严厉、缺乏温情，不能理解孩子，孩子就会变得胆怯孤僻，也会患上不同程度的社交恐惧症。这是因为在父母的高标准和严要求下，孩子总是担心自己会犯错，总是认为自己不如他人，结果变得越来越自卑胆小，渐渐地自我封闭，拒绝一切形式的尝试和探索。

其次，父母总是惩罚孩子，孩子就会以撒谎的方式保护自己，避免受到惩罚。在成长的过程中，每个孩子都会犯错误，因而面对孩子犯错，父母一定要保持淡定从容的心态，给予孩子更多的耐心和包容。打骂惩罚孩子固然能取得立竿见影的效果，却会使孩子畏手畏脚，害怕尝试和探索。海姆·吉诺特博士是儿童教育专家，他曾经说过，惩罚无法真正阻止不良行为，而只能使罪犯小心翼翼地犯罪，尽量掩饰罪行，如此一来，人们更加不易察觉有技巧的罪行。同样的道理，孩子在受到惩罚之后也会更加小心翼翼地犯错，而不再诚实地面对自己的错误，更不愿意为自己的错误负责。人的本能就是趋利避害以求自保，孩子也是如此。很多孩子都会铤而走险地以撒谎的方式来掩盖错误，所以父母一定要宽容地对待孩子，才能帮助孩子养成诚实的品质。

最后，惩罚会导致孩子产生对抗。心理学领域的超限效应告诉我们，人都是有逆反心理的。当父母以严厉的惩罚对待孩子，孩子非但不会收敛，反而变本加厉，这是因为他们被父母的惩罚激发起叛逆心理。从某种意义上说，这是孩子在挑衅父母的权威。

面对父母的惩罚，有些孩子只能乖顺几天，过后就会故技重施；有些孩子则会当即反抗父母的暴力行为。与其以暴力压制孩子，导致孩子以暴制暴或者变本加厉，父母不如引导孩子承担行为的自然后果，让孩子知道自己的某些行为是很糟糕的，这远远比一味地责骂孩子起到的教育效果更好。

对每一位父母而言，教育都是一场修行。尤其是面对处于幼儿叛逆期的孩子，他们还不懂事，也未必能完全听懂道理，父母更是要讲究教育的方式方法，让孩子认识到错误的行为将会导致严重的后果，从而领悟到哪些行为是不该做的。唯有如此，孩子的表现才会越来越好。

让孩子承担自然后果

面对犯错的孩子,与其一味地惩罚和苛责孩子,不如让孩子承担行为的自然后果。与父母的惩罚带有强烈的刻意性相比,自然后果是自然而然发生的,孩子更容易接受和面对,也有利于维护教育过程中的良好亲子关系。

妈妈带着三岁的嗯哼在公园里玩。嗯哼和小伙伴嘟嘟玩得很开心,两位妈妈站在一旁聊天。正在这时,嗯哼想抢夺嘟嘟的玩具,嘟嘟不给,嗯哼就咬了嘟嘟的手。嘟嘟哭了起来,拉着妈妈离开了。嗯哼独自玩了一会儿感到很无聊,因而拉着妈妈要去找不远处的嘟嘟。妈妈没有顺从嗯哼,而是蹲下来看着他的眼睛,说道:"嗯哼,你刚才抢嘟嘟的玩具,还咬了嘟嘟的手,所以嘟嘟不愿意跟你一起玩了。你现在肯定觉得很没意思吧,一个人玩简直太没意思了,对不对?那么,你下次还抢不抢别人的玩具了?还咬不咬人了?"嗯哼听着妈妈的话,赶紧摇了摇头,又拉着妈妈的手要去找嘟嘟。

妈妈继续说:"嗯哼,嘟嘟被咬疼了,生气了,可能不想和你玩了。你要是想去找嘟嘟,就要向嘟嘟道歉,明白吗?"嗯哼又点点头。妈妈这才跟着嗯哼去找嘟嘟。得到嗯哼的道歉,嘟嘟又和嗯哼玩了起来。

俗话说,吃一堑,长一智。三岁的孩子很霸道,常常想把喜欢的玩具占为己有,并为此使出非常规手段。面对着还不完全懂事的孩子,案例中的妈妈做得很好,趁着嗯哼想找嘟嘟玩的机会,让嗯哼知道了自己的错误,也让嗯哼承担了行为的自然后果。相信有了这样的经历,嗯哼一定会意识到自己的错误,等再次遇到相同的情况时会有更好的表现。

需要注意的是,让孩子承担行为的自然后果,必须保证孩子的安全。在养育孩子的过程中,在很多情况下,父母可以引导孩子承担自然后果。

很多孩子玩过玩具后不会主动收拾,任由玩具丢得乱七八糟。如果孩子拒绝收拾玩具,那么父母不要每次都帮助孩子收拾,而是任由玩具七零八落,丢在角落里找不到,甚至被踩坏,这样孩子才会感到心疼,也才会主动收拾玩具。

面对可控的危险，与其每次都阻止孩子接近危险，不如让孩子亲身感受一次危险，这样孩子就能记住危险，从而主动远离危险。例如，很多孩子都对厨房充满好奇，与其紧张地看着孩子，避免孩子进入厨房，不如任由孩子进出厨房，甚至眼睁睁看着孩子触摸正在燃气灶上加热的茶壶，孩子感受到温度，小手被烫得缩了回来，下次就不敢进入厨房了。当然，这么做的前提是茶壶里的水处于温热状态，不要过烫。此外，还可以让孩子感受锋利的刀具。很多时候，孩子必须亲身感知危险的存在，亲自承担危险的后果，才能吸取教训，改正错误的行为。

在《爱弥儿》中，卢梭曾经提到自然惩罚的教育方式，具体而言就是让孩子亲身经历，从经验中获得教训。换言之，孩子在成长的过程中是需要"自作自受"的，这样才会加深对错误的印象，主动改正错误行为。

为孩子提供选择

新生命从呱呱坠地开始，要依靠父母无微不至的照顾才能生存。在养育的过程中，很多父母渐渐形成了全方位照顾孩子的习惯，也形成了孩子必须依赖父母才能生存的固有认知。实际上，随着不断成长，孩子的各方面能力得以发展，独立意识和自我意识也得到增强。为此，孩子不再像婴儿时期那样依赖父母。父母必须跟紧孩子成长的脚步，与时俱进，学会放手，孩子才能一天天长大。

孩子犯了错误，父母与其不分青红皂白地进行惩罚，不如给孩子提供选择机会。特别是对两三岁的孩子而言，他们刚刚迈开脚步探索世界，走向属于自己的人生道路，父母切勿动辄惩罚，而是要以理性的教育方式保护他们稚嫩的心灵。

每次跟妈妈去超市里购物，三岁的文文都特别兴奋，她在超市里不停地奔跑，不但很危险，而且会影响其他顾客。妈妈没有大声训斥，而是蹲下来看着文文，温和地说："文文，你是想跟在妈妈身边走路，还是想坐在购物车里让妈妈推着呢？"文文想了想，说："妈妈，我要坐在购物车里。"

就这样，妈妈解决了文文在超市里乱跑的难题，既保证了文文的安全，也消除了对其他顾客的影响，还给了文文独立做选择的机会。文文是主动选择坐在购物车里的，而不是被妈妈强行抱着坐在购物车里的，所以她乖乖地坐着，非常安静。如果妈妈没有让文文选择，而是强迫文文必须坐到购物车里，那么文文一定会很不乐意，甚至还会哭闹。

父母不要总是命令孩子，而是要给孩子机会独立做选择。没有人愿意被命令，孩子也是如此。面对父母不由分说的命令，孩子必然会产生抵触情绪和逆反心理。要想消除孩子的叛逆心理，父母只要给孩子提供一些选项，让孩子独立自主地做选择即可。孩子也许会抗拒父母，却不会违背自己的决定。

面对幼儿叛逆期的孩子，父母总是因为孩子不听话而感到烦恼。一旦掌握了亲子沟通技巧，很多问题就会迎刃而解。

晚上，孩子不停地玩闹，不愿意按时睡觉，父母与其强迫孩子睡觉，不如给孩子选择："我们是现在睡觉，还是再玩五分钟睡觉呢？"孩子往往会认真思考父母的话，然后选择"再玩五分钟睡觉"。这个时候，父母可以让孩子看一眼时间，等到五分钟到了，再次让孩子看一眼时间。当意识到约定的时间已到，孩子就会乖乖上床睡觉。再如，很多孩子在外面和小伙伴玩得不亦乐乎，因而不愿意回家。面对乐不思蜀的孩子，父母切勿立即强迫孩子回家，而是可以在回家之前五分钟给孩子两个选择：你是现在回家，还是玩五分钟再回家呢？对两三岁的孩子，这样的方法屡试不爽、效果显著。

面对生活中的很多亲子教养难题，父母都可以采取这样的方式与孩子沟通。

面对挑食的孩子，可以让孩子选择吃米饭还是面条，吃菠菜还是生菜，吃馄饨还是饺子；面对一旦开始看动画片就不愿意结束的孩子，可以让孩子选择是看完一集结束还是看完两集结束；面对一玩起来就忘乎所以把房间弄得乱七八糟的孩子，可以让孩子选择玩过后收拾房间还是去房间外面玩。需要注意的是，如果孩子能够主动遵守约定，父母就要抓住机会强化孩子的行为。例如，对看完两集动画片主动关电视的孩子，妈妈要当即表扬孩子能够说到做到，培养孩子言出必行、信守承诺的精神。总之，父母对孩子的教育渗透在生活的点点滴滴中，聪明的父母不会一味地惩罚孩子，而是会给孩子提供合理的选项，这样既能够引导孩子做出理性的选择，又培养了孩子的独立意识。

学会向孩子求助

教育孩子，一定要坚持使用正面管教的方式，给孩子积极正向的引导和帮助，这样就会事半功倍。有些父母动辄打骂、惩罚孩子，往往会导致事与愿违。其实，大多数孩子都很愿意帮助父母，因此父母在尝试各种方法代替惩罚之后，还可以向孩子求助，激发孩子乐于奉献的心理。这么做既能避免惩罚孩子，又能培养孩子的付出意识，让孩子乐于奉献，可谓一举数得。

乐乐两岁半，特别喜欢帮妈妈干活，他会帮妈妈推超市的购物车，会帮妈妈择菜，还会把菜从厨房端到餐桌上。有一次，乐乐端着一盘凉拌菜，才走了几步就不小心把菜盘子摔在地上。看着满地都是盘子的碎片和乱七八糟的凉菜，乐乐被吓到了，呆呆地站在那里一动不动。

妈妈听到盘子摔碎的声音第一时间赶来，看到满地狼藉，妈妈没有生气，而是安抚乐乐："哈哈，看来土地公公也想吃这盘菜了。乐乐，你能帮助妈妈收拾好地面吗？"得到妈妈的求助，原本有些慌乱和紧张的乐乐立即点点头,露出了笑容。妈妈把摔碎的盘子和凉菜收拾干净之后,乐乐拿着湿毛巾卖力地擦地,很快就把地板擦得干干净净。后来,妈妈又做了一盘凉菜交给乐乐,乐乐小心翼翼地把凉菜端到餐桌上摆放好。

在这个案例中,妈妈的做法非常值得赞扬。在现实生活中,很多妈妈平日里忙于工作,回到家里就要准备饭菜,因而心浮气躁,当看到孩子把饭菜撒得满地,一定会特别生气地责骂孩子,导致孩子的心灵受到伤害。案例中的妈妈恰恰相反,她非但没有生气,反而还安抚乐乐,请乐乐一起收拾残局。后来,妈妈更是表现出对乐乐的极大信任,又做了一盘凉菜,依然交给乐乐。在经历了这件事情之后,乐乐非但不会害怕,还会变得更有担当。

具体而言,面对犯错的孩子,妈妈可以采取一些方式向孩子求助。例如,很多两三岁的孩子特别喜欢在家里的墙壁上乱涂乱画,甚至偷偷地拿着妈妈的口红到处乱画。当发现孩子把家里画得五颜六色时,妈妈不要责骂孩子,而应该邀请孩子和自己一起收拾残局。这样既能够让孩子亲身感受到乱涂乱画的后果,也能够满足孩子乐于助人的心理。再如,孩子吃饭的时候把衣服弄得很脏,不管妈妈如何强调要保持干净,依然如故。这个时候,可以让孩子帮忙洗衣服。当孩子感受到洗衣服是很累的事情,相信再次吃饭的时候他们一定会有意识地保持干净。此外,还可以让孩子帮忙整理房间。大多数两三岁的孩子都还没有养成把用过的玩具放回原处的好习惯,借助请孩子一起整理房间的机会,父母正好以身示范给孩子上一堂整理课。

如今,很多家庭都只有一个孩子,不但爸爸妈妈围着孩子转,隔代亲的爷爷奶奶、姥姥姥爷也围着孩子转,因此孩子很少有机会亲身感受做各种家务的辛苦。为此,父母要学会向孩子求助,这样孩子才能切身体会到自己的错误行为带来的麻烦,从而学会承担自身行为的后果,培养责任意识。

第三章
有效沟通

　　面对两三岁调皮捣蛋的孩子,很多父母会急于给孩子贴上坏孩子的标签。其实,只要父母透过孩子的行为表现,了解孩子深层次的心理需求,就能坚持有效沟通,实现正面管教。

不给孩子贴标签

孩子常常犯错误，父母先不要急于对孩子下定论，而是要看到孩子行为背后隐藏的积极意图。每一个父母都要充分信任孩子，切勿不负责任地给孩子贴上负面标签，甚至误导孩子做出错误的自我评价。

在家里，所有人都特别疼爱莫莉，莫莉也的确乖巧可爱。但是，莫莉最近却表现出冷漠自私的行为，让父母感到特别费解。

周末，爸爸妈妈带着莫莉逛商场。逛了一会儿，大家又累又饿，决定吃海底捞。因为火锅店里充满油润的雾气，穿着高跟鞋的妈妈一不小心摔倒了。爸爸见状赶紧搀扶妈妈，莫莉却站在一边无动于衷地说："妈妈，你要自己站起来！"爸爸纳闷地看了一眼莫莉，又赶紧扶起疼得龇牙咧嘴的妈妈，关心地问："没事吧？"妈妈一边用手揉着膝盖，一边说："地面太滑了。"这个时候，莫莉依然奶声奶气地说："妈妈，走路要看路。"爸爸明显有些生气了，提醒莫莉："莫莉，你要关心妈妈。"

莫莉对爸爸的话不以为然，继续说道："自己摔倒，自己站起来！"爸爸忍不住指责莫莉："你这个孩子怎么这么自私呢？对妈妈都漠不关心，妈妈可是天天照顾你啊！"

在这个案例中，爸爸显然对莫莉的表现很不满意，因而才会给莫莉贴上自私的标签。其实，爸爸只要了解孩子的身心发展规律，知道平日里妈妈是如何引导莫莉变得坚强勇敢的，就会理解莫莉的言行了。原来，妈妈很注重培养莫莉的独立性，不管是莫莉需要帮助的时候，还是莫莉伤心难过的时候，妈妈都会鼓励莫莉勇敢面对。长此以往，莫莉受到妈妈的影响，才会在看到妈妈摔倒时做出这样的反应。

此外，两三岁的孩子受到身心发展水平的限制，无法对他人的痛苦感同身受，这是正常表现。由此可见，莫莉的表现既符合两三岁孩子的身心发展特点，也是因为她在无意识地模仿妈妈平日里对她的教导。作为父母，我们不管看到孩子做出怎样的表现，都要透过现象看本质，致力于挖掘孩子的真实意图。

首先，两三岁的孩子必然是淘气的，又因为无知而无畏，所以做事情没有行为边界，往往随心所欲。其次，孩子完全沉浸在自己的世界里，只会从自身的角度出发思考问题，而不能全面地思考问题、掌控全局，这是每个孩子都有的局限性。最后，面对孩子的热心帮忙，父母切勿生硬地拒绝，而是要给孩子一个机会帮助自己。总而言之，父母要尊重孩子、理解孩子、信任孩子，切勿给孩子贴上负面标签。

拒绝孩子的不合理请求

如今，很多家庭都只有一个孩子，把孩子当成宝贝，含在嘴里怕化了，捧在手里怕摔了。明知孩子提出的要求是无理的，父母也会无限度地满足孩子，长此以往必然导致孩子越来越任性霸道、骄纵无度。明智的父母会拒绝孩子的不合理请求，帮助孩子确立行为的边界。俗话说，没有规矩，不成方圆。父母唯有把握时机管教孩子，对孩子爱之有度，才是真正对孩子负责的表现。

在很多情况下，父母哪怕出于理智拒绝了孩子的无理请求，也会因为孩子哭闹不休而选择妥协。那么，面对以哭闹要挟的孩子，父母应该怎么做呢？

这天中午，两岁半的草莓想吃巧克力饼干。妈妈与草莓约定只能吃三块，草莓立即答应了。草莓很快就吃完了三块巧克力饼干，这个时候，她意犹未尽，还想要一些。妈妈说："草莓，我们约定好只吃三块的哦，你要遵守约定。"妈妈就这样拒绝了草莓，草莓却躺在地上哭了起来。看到草莓又开始无理取闹，妈妈马上离开草莓，走到其他房间里。草莓哭了片刻，偷偷地睁开眼睛观察周围，发现妈妈早就悄然离开了，她当即停止哭闹，开始玩玩具。其实，妈妈一直在暗中观察草莓。看到草莓不再哭闹，妈妈才出现在草莓面前。这个时候，草莓仿佛已经忘记了此前的不愉快，开心地与妈妈玩起来。

在这个案例中，妈妈对待草莓的方式是非常明智且有分寸的。面对事先约定好的事情，妈妈并没有因为草莓哭闹而无限度妥协。对草莓的合理要求，妈妈是当即满足的；对草莓的不合理要求，妈妈则采取冷处理的方式，坚决拒绝。相信有了这次的经验，草莓知道妈妈不会轻易让步，也就不会再提出无理请求。

当然，究竟是吃三块巧克力饼干还是吃六块巧克力饼干无关紧要，重要的是草莓要遵守与妈妈的约定，而不能言而无信。通过这件事情，妈妈培养了草莓的规则意识，使草莓知道哭泣并不能使妈妈妥协，更无法为她争取到最大利益，之后就会慎用哭泣这个招数。反之，如果妈妈因为看到草莓哭泣就妥协，那么草莓就会意识到哭泣是有用的，能够帮助她达成某种目的，所以就会变本加厉。总之，父母拒绝孩子的不合理要求要讲究方法和策略，也要把握好分寸，这样才能既达到为孩子确立行为边界的目的，也保护好孩子的心灵。

在拒绝孩子的不合理要求时，父母还要引导孩子自我反省。要想实现这个目的，父母就要做到三点。

首先，父母要信守承诺，兑现对孩子的诺言，这样才能在孩子面前树立威信，让孩子知道父母是一诺千金的诚信之人。由此，孩子就会向父母学习，提高对自身的诚信要求。

其次，父母要给孩子讲道理。很多父母拒绝孩子的方式简单粗暴，只以一个"不"字就断绝了孩子的一切希望，这显然不是好的教育方式。父母既要拒绝孩子，又要让孩子学习和领悟道理，从而反思自己的要求是不合理的。

最后，父母与孩子要达成一致，遵守共同的约定。有些孩子一进玩具店就要买各种各样的玩具，那么父母可以预先和孩子约定好只能买一件限定金额的玩具。这样不但能让孩子遵守诺言，而且能够提升孩子的自控力。总之，在拒绝孩子时，父母一定要讲究方式方法，既要达到拒绝的目的，又要保护孩子的自尊心，让孩子心甘情愿地收回不合理的要求。

尊重孩子，坚持协商

在家庭教育中，亲子之间常常会爆发冲突。要想实现双赢，就必须坚持协商的策略。随着不断成长，孩子的自我意识越来越强，更加渴望独立。为此，孩子难免会与父母出现分歧。作为父母，要知道这恰恰代表着孩子自我意识的觉醒，因而一定要尊重孩子，采取有效的方式与他们协商。

很多父母面对孩子总是摆出一副高高在上、不可一世的模样，而忽略了孩子是独立的生命个体，有自己的想法和观点。如果父母压制孩子的想法，强迫孩子服从父母的意志力，就必然导致亲子冲突更严重，亲子之间矛盾和对立的关系更尖锐。从教育的角度来看，当父母对孩子采取专制的教育方式，必然会严重损害亲子关系。有些孩子因为被父母逼迫而变得叛逆，甚至对父母心生怨恨，导致与父母的关系日渐疏远，原本深厚的亲情也越来越淡漠。此外，父母的长期压制和命令还会剥夺孩子发展自律力的机会，使孩子养成依赖型人格，这对孩子的一生都将产生深远的负面影响。

那么，当孩子的想法与父母的想法不同时，父母应该怎么办呢？

这天，妈妈冒着酷暑给花朵做了丰盛的午餐。花朵只吃了几口，就对妈妈摇摇头，告诉妈妈她不想吃了。妈妈看着剩下一大半的午饭，对花朵说："花朵，你吃得这么少，很快就会饿的。如果你饿了，该怎么办呢？"花朵看看妈妈，想了想，才说："喝奶。"妈妈继续耐心地说："饿了，只喝奶可不行，吃饭才行！"花朵难过地说："妈妈，我只想喝奶，我已经吃饱了。"妈妈笑着说："你才吃了几口，不可能吃饱了。要不，你再吃一些饭菜，好吗？"

花朵很固执，不管妈妈怎么说，都坚持要喝奶。妈妈也不愿意妥协，坚持让花朵再吃一些饭菜才能喝奶。

可想而知，如果妈妈和花朵继续各执己见，毫不退让，那么她们之间的冲突必然会爆发。面对这样的情况，最好的办法就是协商，彼此妥协。所谓协商，其本质就是找到能让双方都接受的折中办法以达到平衡，从而实现双赢的目的。采用这样的方法，既有助于解决让花朵吃饭的难题，又能保护花朵的自尊心。例如，妈妈可以提出建议："这样吧，你只能喝半杯奶，然后好好吃饭，至少吃半碗，行不行？"或者"你再吃十口饭，就可以喝奶，好吗？"花朵也许会毫不迟疑地接受妈妈的建议，也许会与妈妈讨价还价。最终，妈妈将会与花朵达成共识。

要想协商，找到平衡点，父母首先要与孩子建立良好的亲子关系。事实证明，亲子教育是以亲子关系为前提和基础的，只有当亲子关系和谐融洽时，父母与孩子的沟通才会更加顺畅。当然，有效的沟通是建立和维持良好亲子关系的必经途径。其次，父母要认真倾听孩子的意见，切勿把家庭教育变成父母的一言堂。很多父母缺乏耐心，很少给孩子机会倾诉，导致孩子不能合理地宣泄情绪，理清思路，更不能与父母一起想出办法解决问题。在倾听时，父母要完全放下主观的想法和观点，做到全然接纳和理解孩子。最后，视孩子为独立的生命个体，真正做到尊重孩子，平等地对待孩子。孩子尽管因着父母来到这个世界上，却不是父母的私有物或者附属品。每一个父母都要把孩子当成独立的生命个体，尊重和接纳孩子，倾听孩子的想法，认可孩子的选择。总之，生活中的一切事情并不是非黑即白、非对即错的，而是常常介于对错之间，处于灰色地带。父母与孩子发生分歧时，不妨放下高高在上的权威姿态，以退为进，与孩子平等协商，最终达到双赢的目的。

不要当着孩子的面破坏孩子的玩具

在怒不可遏时，很多父母会歇斯底里地吼叫、咒骂和殴打孩子，也有些父母无处撒气，因而不假思索、不计后果地破坏孩子的玩具。这么做的父母完全被情绪驾驭，而没有思考这样的行为会给孩子带来怎样的心理伤害。其实，只需要换位思考，父母就能知道孩子的感受。如果孩子在暴怒的状态下摔坏我们的电脑或者手机，我们会作何感想呢？虽然在父母眼中，玩具不值一提；但是在孩子心中，玩具却是他们特别心爱的东西。作为父母，没有权利用剥夺孩子心爱之物的方式惩罚孩子，否则会激发起孩子内心的愤怒和不满。

在《风筝》这篇文章里，大文豪鲁迅先生讲了一个故事。鲁迅不喜欢放风筝，认为只有没出息的孩子才喜欢放风筝。鲁迅的弟弟很喜欢放风筝，还偷偷地躲在杂物间里做蝴蝶风筝。鲁迅发现了弟弟的举动，生气地掰断了风筝的一支翅骨，还狠狠地把风筝扔在地上踩踏。做完这一切，他才傲然离开，把绝望的弟弟留在杂物间里。直到长大，鲁迅接触到国外一本关于儿童教育的书籍，认识到儿童天生喜欢玩游戏，喜欢玩玩具。从那之后，鲁迅特别懊悔当初毁掉了弟弟的风筝，可再也没有机会弥补了。

从心理学的角度来说，当着孩子的面破坏玩具，会严重伤害孩子的心灵，即使再给孩子买很多玩具，也无法弥补孩子。

首先，当面破坏孩子的玩具，会导致孩子对父母心生怨恨。孩子从降临人世起就特别依赖父母，也无比信任父母。当亲眼看到父母毁掉自己的玩具，他们必然会对父母感到失望，也失去对父母的信任。

其次，对孩子而言，安全感至关重要。当父母毁掉孩子的玩具，孩子就会缺乏安全感，变得惶恐不安。其实，当着孩子的面毁掉玩具，父母潜意识是想在孩子面前表现出自己的强大和无所不能；而对孩子来说，如果这种强大和无所不能的力量是会伤害他们的，也可以随意处置他们的玩具，他们就会悲哀地感受到世界的不公平。

再次，孩子的模仿能力很强，如果父母总是以暴力方式对待孩子，孩子就会渐渐变得暴力。这是因为孩子每时每刻都在观察父母，模仿父母，也会以父母对待他们的方式对待这个世界。如果孩子受到父母潜移默化的影响，稍有不如意就诉诸武力，孩子就会产生暴力倾向。

最后，不利于培养孩子爱惜物品的美德。成年人都知道生活不易，要想维持正常的消费，必须辛苦地工作，孩子却不知道。当看到父母随意毁掉玩具，孩子就会认为很多东西都是不值得珍惜的，因而产生破坏各种物品的倾向。在婚姻生活中，有些夫妻因为争吵而动手摔坏家里的东西，和当面破坏孩子的玩具一样，都会对孩子产生负面影响。

总之，父母是孩子的第一任老师，也是孩子最好的榜样。父母希望孩子成为怎样的人，自己首先要成为怎样的人。所谓以身示范，就是父母要言行如一，对孩子施以积极的影响作用。

学会夸赞孩子

常言道，好孩子都是夸出来的，父母唯有学会夸赞孩子，才能激励孩子不断地成长和进步。需要注意的是，夸赞也是讲究方式方法的。

对那些天生长得漂亮的孩子，父母不要总是夸赞他们美丽；对那些天生机灵聪慧的孩子，父母不要总是夸赞他们聪明。这是因为美丽和聪明都是天生的，夸赞这些天生的长处和优势，只会让孩子过于关注先天优势，而忽略或者轻视后天的努力。两三岁的孩子还缺乏判断能力，父母在夸赞孩子时，一定要慎重，这样才能让夸赞起到激励和正面引导孩子的作用。

首先，父母要有一双善于发现的眼睛，能够看到孩子的闪光点，慷慨地夸赞孩子。既要夸赞孩子的优势和特长，也要夸赞孩子的点滴进步，这样才能增强孩子的自信，让孩子获得成就感和满足感。

人人都知道爱因斯坦是伟大的科学家，却很少有人知道爱因斯坦小时候并不聪明，甚至很迟钝。直到三岁，爱因斯坦还不会流畅地说话，幸好父母都很爱爱因斯坦，也充满耐心地对待和包容他。每当妈妈演奏钢琴曲时，爱因斯坦总是坐在一旁侧耳倾听，妈妈认定他并不愚笨。在妈妈的熏陶下，爱因斯坦喜欢上了音乐，学会了演奏小提琴。如果不是父母始终对他充满信心，充满耐心，也愿意付出爱和陪伴，那么爱因斯坦就不会做出令世人瞩目的成就。

其次，认可孩子的努力，激励孩子更加勤奋地刻苦学习。一个人如果只有天赋，而不愿意付诸努力，必然会荒废天赋。反之，哪怕一个人没有天赋，而愿意坚持努力，即便不能成为某个领域的佼佼者，也必然成为该领域的中坚力量。当然，最好的情况是既有天赋，又很勤奋，这样才会如虎添翼、进步神速，也才会抵达大多数人可望而不可及的巅峰。

再次，父母固然要夸赞孩子，却不要当着孩子的面贬低他人。很多父母一边夸赞自家的孩子，一边贬低别人家的孩子，长此以往必然会使孩子得意忘形，自认为超越所有人。这样的孩子心灵脆弱，只能接受成功，而不能承受失败，只要遭受小小的打击和挫折就会一蹶不振。父母在坚持夸赞孩子的同时，既要有意识地激励和鼓舞孩子，也要让孩子认识到"人外有人，天外有天"，从而培养孩子顽强不屈的意志力，这样孩子才能越挫越勇，百战不殆。

最后，夸赞孩子切勿无中生有，而是要以事实为基础和前提，夸赞越具体越好。很多父母压根没有用心观察孩子，只是空洞地夸赞孩子"很棒""真聪明""太厉害了"。这样的夸赞是没有事实依据的，既不可信，也无法对孩子起到激励作用。真正有效的夸赞，是在孩子取得进步时陈述孩子的努力，激发孩子的斗志；是在孩子遇到问题时肯定孩子的付出，鼓励孩子继续无所畏惧地尝试和探索；是在孩子遇到挫折时帮助孩子客观中肯地评价自己，从而扬长避短，取长补短，再接再厉。

父母唯有学会夸赞孩子，才能激发孩子的潜能，让孩子既肯定自己的优势和长处，也认识到努力和勤奋的不可或缺，更能够直面坎坷和逆境，抓住各种机会成功逆袭。

好父母擅长说服孩子

作为父母，必然会与孩子产生意见分歧。当确定孩子的观点和想法是错误的，且会导致严重的后果时，父母就要说服孩子做出改变，并引导孩子朝着正确的方向前行。在这种情况下，父母必须掌握说服的技巧。

卡尔·霍夫兰是美国著名的实验心理学家。他认为，只有通过说服，才能使他人改变态度。所谓说服，即劝说者通过给予接受者一定的诉求，引导接受者的态度和行为朝着预定的方向发生改变。从本质上来说，说服是信息交流的过程。劝说者和接受者正是通过交流信息达到说服目的的。

父母如果想让孩子改变态度，就必须动之以情。和通过情感打动孩子的显著效果相比，只靠着向孩子灌输道理的说服效果大打折扣。很多父母习惯于在亲子教育中扮演强势角色，总是对孩子下达命令。殊不知，随着不断成长，孩子的自我意识越来越强，他们不想再接受父母的命令和安排了。面对孩子渐渐表现出的独立意识，父母应该及时改变沟通的方式，与其强行命令孩子，不如给孩子自主选择的权利。例如，妈妈把晚餐摆在餐桌上，与其大喊大叫地让孩子关掉电视吃饭，不如询问孩子"你是先吃饭，还是先做作业？"毫无疑问，不管孩子选择哪个选项，妈妈都达到了让孩子关掉电视的目的。由此可见，让孩子自主选择，是说服孩子的高招。这么做虽然涉嫌投机取巧，却能在无形中说服孩子，且能维护孩子的自尊，不失为一举两得的好方法。

除了让孩子做选择题之外，父母还要尝试与孩子共情。在商场里，很多孩子一进入玩具店就想买玩具。如果父母不想买，那么与其板起面孔训斥孩子"你今天已经买玩具了，不能再买了"，不如与孩子共情，告诉孩子："我知道你很想要这个玩具，也知道你被拒绝很难过。你可以先哭一会儿，等到你不想哭了，妈妈再向你解释不能买玩具的原因，好不好？"这样的表达首先认可和接纳了孩子的情绪，与孩子产生共鸣，让孩子得到安慰。此外，当父母表现出对孩子的理解，孩子也会尝试着理解父母，这符合互偿心理。

在与孩子沟通时，父母要避免使用强硬的命令，更不要使用指令性语言。其实，两三岁的孩子不能完全理解指令性语言，却很喜欢模仿父母。从这个意义上说，父母与其口干舌燥地反复给孩子下命令，不如使用肢体语言示意孩子怎么做。此外，父母也可以做出相应的动作，为孩子提供模仿的来源。

和语言相比，行动的说服力更强。有些父母在家庭教育中采取双重标准，一方面对孩子高标准严要求，另一方面却放纵自己。如此一来，孩子必然感到疑惑不解，也不知道到底怎么做。例如，父母要求孩子早睡早起，自己却经常晚睡晚起，必然导致孩子也学习父母的样子，无休止地看电视或者玩游戏。反之，父母哪怕不刻意教导孩子早睡早起，自己却每天坚持早睡早起，那么在父母的耳濡目染之下，孩子一定会形成规律作息的好习惯。

总之，说服作为沟通的方式之一，和沟通一样是双向的。要想让说服起到良好的效果，父母既要晓之以理，也要动之以情。在家庭教育中，父母唯有先与孩子建立和维持良好的亲子关系，才能保证教育取得立竿见影的效果。

冷静地表明立场

父母因为孩子犯错而怒不可遏时，虽然无法做到完全不生气，却可以做到愤怒时避免与孩子沟通，坚持以冷静的态度向孩子表明立场，等到真正平复情绪再与孩子沟通。

在现实生活中，有些父母特别溺爱孩子，对孩子无限宠溺，不管孩子做什么事情，都无条件支持。不得不说，这样泛滥的爱必将害了孩子。从某种意义上说，被溺爱的孩子仿佛落入水中，无法自救。因此父母要坚持理性地有限度地爱孩子。当孩子做了某件事情，父母可以温和地告诉孩子："不管怎样，爸爸妈妈都爱你，但是，你不能做这件事情。"这样的爱既是无条件的，也是有边界的，是真正爱孩子的表现。父母之爱孩子，则为孩子计深远。每一个爱孩子的父母都希望孩子变得更好，都希望孩子能够拥有属于自己的精彩人生，那么就要在孩子小时候为孩子确立行为边界，也让孩子知道什么事情该做，什么事情不该做。

对父母而言，不被泛滥的情绪冲昏头脑，坚持冷静地表明立场，这很重要。在大多数孩子的心目中，父母是无所不能的，不管是生病躺在床上，还是想要某个玩具，或者是一不小心摔倒在地上，孩子都会第一时间寻求父母的帮助和保护。对年幼的孩子而言，父母更是他们的天与地。有父母在的地方，他们就可以自由自在、无拘无束地玩耍。当孩子享受父母之爱时，父母要始终坚持原则，这才是爱孩子以及对孩子负责的表现。

前几年，网络上流传着一条视频。视频中，一个男孩想要插队做检查被拒绝，因而与医务人员爆发冲突。他情绪崩溃地大喊大叫，还叫嚣着要回家拿刀。后来，他真的回家拿了刀子。这个时候，家人都无法帮助他平复情绪，更无法劝说他。看到这样的视频，大家都胆战心惊，既为这个男孩的嚣张跋扈而震惊，也感到疑惑，不知道究竟是怎样的家庭和父母才会把孩子娇纵到如此程度。

在指责孩子之余，不少父母也陷入了沉思。从家庭教育的角度来看，这个男孩无疑是畸形的爱的受害者。可想而知，他从小在没有原则的爱中成长，等到有朝一日走出家门走入社会，必然受到社会的吊打。

每一个父母都要坚持有原则有限度地爱孩子，帮助孩子明确行为的底线。唯有如此，父母才能理智地爱孩子，避免孩子因为溺爱而越来越叛逆。

要想做到坚定而平静地爱孩子，父母要做到两点。

首先，向孩子表达爱，也要求得到孩子的爱。太多父母忙着爱孩子，有任何好吃的好玩的都会第一时间想到孩子，恨不得把世界上一切好东西都留给孩子，自己却心甘情愿在一旁。其实，这样的教育方式注定失败，因为父母没有培养孩子的感恩之心，更没有培养孩子付出爱的能力。在单方面付出爱的过程中，孩子渐渐习惯了索取和接受。明智的父母会与孩子分享一切美好的食物，诸如美食、好玩的玩具、幸福快乐的时光，等等。

其次，既要向孩子表达爱，也要向孩子表明对待错误的态度。很多父母误认为孩子还小，所以不向孩子评判错误，也不要求孩子对错误负责。渐渐地，孩子就会骄纵任性，凡事都从自我角度出发，而忽略他人的情绪和感受。毫无疑问，这样的孩子无法立足于社会，更不可能得到他人的欢迎和喜爱。

高情商的父母每时每刻都要坚持告诉孩子"我爱你"，也要表明自己对孩子的很多言行举止的态度。唯有做到和善而坚定地养育孩子，才能让孩子明确爱的原则和底线，也教会孩子理解爱，对他人付出爱。

第四章
关键问题

在2~3岁，每个孩子的表现都是不同的。父母要了解关键问题，也要学会应对，再根据孩子的个体情况积极处理。

孩子为何依赖成性

在现实生活中，很多父母常常打着爱的旗号大包大揽孩子的一切事物，实际上也控制了孩子的思想和行为。这样密不透风的爱常常使孩子感到窒息，可很少有父母询问过孩子的意见，以明确孩子是否希望得到这样的关爱与呵护。

两三岁孩子的自我意识开始萌芽，由此进入了人生中的第一个叛逆期。从心理学的角度分析，孩子必须摆脱外界的各种干扰，才能更加专注于内心世界，形成独立人格。遗憾的是，每个新生命从呱呱坠地开始就要接受父母的各种安排，服从父母的各种命令。在孩子成长的过程中，父母始终唠唠叨叨，啰嗦不停，例如，不要吃甜食会蛀牙，不要跑太快会摔倒，不要喝凉水会肚子疼，不要与小伙伴打闹会受伤，等等。

唯有解决这些难题，孩子才能渐渐摆脱对父母的依赖，走向独立。要想证明自己已经具备了相应的能力，孩子就要先反对父母的命令，质疑父母的建议，表现出一定程度的逆反心理。从这个意义上说，叛逆标志着孩子开始形成独立的思想，并开始构建行为的秩序。因而，父母要从积极的角度看待孩子人生中的第一个叛逆期。

父母要了解孩子在幼儿叛逆期的身心发展特征，从而明确只有做到尊重孩子，不全权代劳孩子处理很多问题，允许孩子形成自己的思想和行为秩序，才是对孩子最好的爱。在这一点上，我们很有必要学习西方国家的父母。在美国，孩子两三岁就开始独自住在属于自己的房间里，不被父母过多打扰和干涉。此外，每当家庭发生重大事件时，父母还会邀请孩子参与家庭会议，发表意见，等等。孩子不但要负责整理自己的房间，还要分担一些力所能及的家务。在这样的教育理念和家庭氛围中成长，孩子从小就养成了独立自主的好习惯。

在中国，情况则完全不同。五六岁的孩子还不会自己穿衣服、独立如厕，十几岁的孩子还不会收拾房间，更不会做简单的家务，有些孩子上大学了也不会整理床铺。这是多么可怕的溺爱啊。很多父母从不征求孩子的意见，就给孩子报名参加各种课外辅导班、补习班，侵占孩子的课余时间，或者是越俎代庖为孩子决定很多事情，孩子要么勉为其难地接受，要么与父母爆发冲突。纵观很多中国家庭的教育模式，我们会发现很多亲子冲突都是父母不懂得放手，过度干涉孩子的生活导致的。

每个孩子都是独立的生命个体，对孩子力所能及的事情，父母一定要坚持不包办、不代替的原则。当然，转变教育的观念，改变教育的模式，并不能一蹴而就。父母要从点点滴滴的小事情做起，给予孩子尊重、理解和信任。

很多父母总是担心孩子能力有限，无法做好很多事情，因而表现得过于"勤快"，还不等孩子尝试去做，就已经帮助孩子做好了。有人说，只有"懒惰"的妈妈才能培养出"勤快"的孩子，是很有道理的。孩子并非天生就会做很多事情，必须经过一次又一次练习，才能熟能生巧。

为了培养孩子独立思考和解决问题的能力，父母要狠下心来"袖手旁观"。例如，孩子与小伙伴之间爆发冲突，父母无须过于心急地介入，而可以等待孩子独立协商，达成一致。对孩子有能力做的很多事情，父母切勿代劳，而是要学会放手。尤其是在面对一些选择时，很多父母都担心孩子思考得不够全面，因而代替孩子做决定。这恰恰剥夺了孩子独立选择的机会。生活中，很多事情都可以让孩子独立选择，例如，早晨穿什么衣服，中午吃什么饭，周末去哪里玩，等等。相信随着父母的放手，孩子一定会快速成长。总之，父母一定要给孩子充分的尊重与爱，让孩子全身心投入自己的人生！

孩子为何紧张焦虑

近年来，很多教育家提出要慢养孩子。这是针对现代社会的快节奏生活而提出的，也是针对很多父母急功近利的心态而提出的。实际上，和孩子相比，父母更需要慢养。

几乎所有父母都面临着激烈的社会竞争，承受着巨大的生存压力，为此很容易把自己生活的压力转嫁给孩子，也希望孩子越早生存无忧越好。不得不说，这是压根不可能实现的梦想。每个孩子从出生到长大，需要度过不同的成长阶段，直至长大成人，还要面临各种人生难题。人生的情况每时每刻都在变化，没有人能够完全预估人生，也不能提前解决所有问题。因而，对父母而言，最重要的不是让孩子抢跑，也不是让孩子赢在起跑线上，而是让孩子拥有强大的内心和力量。

父母唯有学会慢生活，才能贯彻慢养孩子的教育理念。所谓慢养，就是不要揠苗助长，而是尊重孩子的成长节奏，允许孩子现在在学习上处于落后状态，允许孩子结交一些不那么出类拔萃的朋友，始终怀着宽容和耐心对待孩子，不急于对孩子的一生妄下定论。这样才能给孩子更大的空间和更多的时间自由成长，让孩子拿起画笔描绘属于自己的人生蓝图。慢养孩子就像是养花，要明白每一种花都有属于自己的花期，要以充足的耐心静待花开。

需要注意的是，所谓慢，指的不是时间的快慢，而指的是父母要消除教育焦虑，不要过于担忧孩子。每个孩子都是世界上独一无二的生命个体，父母无须强求孩子必须和那些天赋异禀的孩子一样小小年纪就崭露头角，也无须强求孩子必须和所有成功者一样拥有独特的成就。当父母不再担心孩子会输在起跑线上，孩子就能真正赢在终点。

慢养孩子，父母就要接纳孩子的缺点和不足，也要接纳孩子的错误。教育孩子，父母切勿简单粗暴地打骂斥责，而是要给予孩子更多的支持和帮助，也要用心倾听孩子，平等地与孩子沟通，这样孩子才会意识到自己哪些地方有待改进。在必要的情况下，父母还可以旁观孩子犯错或者"撞南墙"，这样孩子才能亲身体验到某种行为的后果，也意识到自己的错误，因而积极改正。

从某种意义上来说，慢养孩子符合正面管教的教育理念。父母应该先慢养自己，放慢生活的脚步，减少对孩子的期待。首先，父母要克服教育焦虑。很多父母都抱怨现代社会太卷，所有人都忙忙碌碌，片刻不得休闲，仿佛每个人都在与时间赛跑，停都停不下来。只有克服教育焦虑，父母才能看到孩子点点滴滴的进步和成长，并为此感到满足和欣慰。

其次，父母要修炼心境，只有不把成人社会的焦虑转嫁到孩子身上，才能培养出淡定从容的孩子。人生是马拉松跑步，只靠着爆发力或者侥幸抢跑不可能获得最后的胜利。既然如此，为何要催促孩子长大呢？每一朵花都有自己的花期，每一个孩子都有自己成长的节奏。父母既要尊重孩子成长的节奏，也要允许孩子在成长的过程中走弯路。

最后，耐心等待孩子长大。孩子终将长大，父母唯一需要做的就是陪伴和引导。在此过程中，要尊重孩子内心的感受，接纳孩子的判断和选择，也要始终相信孩子终将长大。养育孩子，就像牵着一只蜗牛去散步，不能强行拉着蜗牛跑，而是要放慢脚步等待蜗牛慢慢地走。在此过程中，父母将会再次领略成长的美好。

孩子为何缺乏自信

　　一旦发现孩子的表现不如人意，很多父母就会陷入焦虑状态，无形中放大孩子的问题。俗话说，金无足赤，人无完人，每个人都有优点，也有缺点，孩子也不例外。很多父母抓住孩子的缺点不放，再发挥想象力联想到缺点引起的连锁反应，因而严厉批评孩子，使孩子缺乏自信。

　　举例而言，孩子因为担心会被父母批评，就撒谎掩盖真相。其实，两三岁的孩子撒谎与成年人撒谎是不同的，他们不怀恶意，只是想逃避惩罚。得知孩子撒谎，很多父母当即就训斥孩子，认为撒谎就意味着孩子品行恶劣。殊不知，这样如临大敌的过激举动，才会损害孩子的身心健康。两三岁的孩子缺乏自控力，会遵循本能做出一些行为，父母就认为孩子没有养成良好的习惯，因而指责孩子。实际上，孩子在成长的过程中必然会出现各种各样的问题，父母无须过于焦虑和紧张。在这个世界上，没有人是绝对完美的，父母唯有对孩子保持平常心，才能从容地教育孩子、陪伴孩子、引导孩子。

　　在幼儿叛逆期，孩子通常受到无意识的驱使开展心理活动，做出各种行为，因而很容易受到情绪和外界事物的影响，缺乏理性。例如，孩子注意力保持的时间很短，只对喜欢的事物感兴趣，而对不感兴趣的事物漠不关心。他们做任何事情都没有明确的目标，所以在做的过程中很容易受到其他事情的吸引，导致半途而废。正因如此，他们无法预判自己的行为会导致怎样的后果。对此，父母切勿轻易判定孩子，因为随着不断成长，孩子的自我意识得到发展，专注力得以提升，在很多方面的表现必然越来越好。

　　晚上临睡前，妈妈来到豆豆的房间里，查看豆豆是否盖好被子。突然，妈妈发现豆豆房间的角落里有几张巧克力的包装纸，因而当即问豆豆："豆豆，你是不是又偷偷吃糖了？"豆豆感受到妈妈语气的严厉，害怕地连声否认："没有，没有！"妈妈怒气冲冲地捡起糖纸，训斥豆豆："你偷偷吃糖，这是第一个错误。你还有第二个更严重的错误，就是撒谎。我早就告诉你,我最讨厌撒谎的孩子!"豆豆被妈妈吓得哇哇大哭,接连几天看到妈妈都躲躲闪闪的。

在这个案例中,豆豆无法抗拒巧克力的诱惑,偷偷地在睡前吃了巧克力。对两三岁的孩子而言,这是很正常的。因为害怕被妈妈批评,所以他撒谎了,这样的谎言没有对他人造成危害,反倒是妈妈的愤怒吓到了豆豆。

面对孩子的缺点,或者小小的不足,作为父母要坚持做到三点。

首先,父母要保持平稳的心态,不要因为情绪失控吓到孩子。哭泣的孩子压根听不进去任何道理,所以父母的当务之急是安抚孩子。其次,父母要正向教导孩子,而不要不由分说地批评和指责孩子。上述案例中,妈妈采取的就是负面教导的方式,效果堪忧。妈妈可以告诉豆豆:"豆豆,我知道你喜欢吃巧克力,不过以后要白天吃,吃完还要刷牙,这样才能保证牙齿健康。不过,巧克力还是要少吃,知道吗?"相信豆豆能记住妈妈的话,而且努力做到。最后,不管孩子出现什么问题,父母都要先检讨和反思自己。父母是孩子的老师,孩子是父母的镜子,唯有先检视自身,父母才能从根源上帮助孩子改正错误、消除问题。

总之,父母要记住,两三岁的孩子不可能十全十美,既然如此,就要允许孩子犯错误,更要耐心地对待、理解和包容孩子,坚持正面管教,这样才能培养孩子的自信心。

孩子为何自卑胆怯

每个孩子都像一张白纸,等待着世界勾勒着色。随着不断成长,原本看起来没有很大区别的孩子渐渐地在人生的道路上分道扬镳,变得越来越不同。有的孩子成为老师,教书育人;有的孩子成为画家,以线条和色彩表现世间万千事物;有的孩子成为科学家,推动人类文明不断向前发展;有的孩子成为医生，救死扶伤……总之，每个孩子的人生都充满了无限的可能性。

看到孩子成为最好的自己，父母当然会骄傲自豪，却常常忽略了这些孩子刚刚来到人世时并非如此完美。他们有的淘气顽皮，总是捣乱；有的喜欢撒娇，见到谁都害羞；有的特别倔强，最喜欢与人对着干；有的就像小恶魔，让父母抓狂和崩溃。即便如此，他们依然是父母心中的小天使，给父母带来了无尽的希望。正是因为有父母的接纳和认可、鼓励和支持，孩子才能坚持成长，成为最好的自己。

与他们相比，有些孩子则没有那么幸运：他们常常被父母拿来与别人家的孩子比较，因而遭到贬低；他们总是被抓住缺点和不足不放，仿佛身上没有任何闪光点值得被看见；他们总是被父母贴上负面标签，渐渐地也开始怀疑自己，贬低自己……总之，他们自卑胆怯，否定自己，对未来渐渐失去了信心。

可想而知，父母之所以这样对待孩子，是为了刺激孩子发愤图强。只可惜事与愿违，他们非但没有让孩子奋斗和拼搏，反而使孩子失去自信，自甘沉沦。要想彻底改变这样的局面，父母就要从自身找原因，不要再对孩子怀有不切实际的过高期望。俗话说，期望越高，失望越大。作为父母，如果对孩子期望过高，还会导致孩子压力倍增。很多孩子之所以故意与父母对着干，就是因为无法承受巨大的压力，产生了逆反心理。

作为父母，与其以打击孩子的方式损害孩子的自尊，不如对孩子提出适度的要求，怀有适度的期望，这样反而能够收获惊喜。现实生活中，很多孩子因为压力大，不堪重负，患上严重的心理疾病。前些年，网络上流传着一篇文章，叫作《牛蛙之殇》。这篇文章是一位孩子的姥爷写的。在文章中，姥爷讲述了全家人从孩子三岁起，就开始为孩子做冲刺民办名校的准备经历。从三岁开始，孩子就被安排上各种各样的补习班，没有休息日，没有节假日。小小的孩子承受着巨大的学习压力，忍受着快节奏的学习生活。三年过去了，孩子虽然通过了各种考试，叩开了名校的大门，却因为患上了神经性抽动症而被名校拒之门外。由此，姥爷感到特别悲愤，不知道为何全家人拼尽全力奋斗三年却只落得这样的结果。

父母一定要把握教育的正确方向，知道孩子的一切成就都要建立在身心健康的前提上。正如《牛蛙之殇》中的姥爷所不理解的那样，如果教育教学的成果是以牺牲孩子的身心健康为代价的，就是舍本逐末。如今，很多父母把教育的扭曲归结于社会的教育内卷环境。殊不知，不管社会上的教育如何内卷，只要父母始终坚持给孩子营造轻松的成长环境，孩子就不会成为教育扭曲现象的牺牲品。

父母也一定要有自己的生活，切勿把所有的希望都寄托在孩子身上。毕竟对孩子的教育投资是漫长的，要等到十几年甚至二十几年之后才能看到成效。与其把希望全都寄托在孩子身上，父母不如努力拼搏，改变自己的命运。此外，父母对孩子的期望要符合实际，而不要脱离实际。孩子的成长不会因为父母的主观意志而发生改变，所以父母要尊重孩子的天赋、成长节奏，而切勿揠苗助长，或者强求孩子必须达到怎样的高度。唯有如此，孩子才能顺应身心发展规律，健康自在地长大。

孩子为何缺乏安全感

对两三岁的孩子而言，最重要的是获得安全感。只有父母无条件地接纳孩子，孩子才会拥有安全感。在三岁之前，如果孩子表现出叛逆的行为，则意味着他们具有反抗精神，长大之后会成为心理健康的独立个体。反之，如果孩子总是逆来顺受，丝毫没有反抗精神，性格上就会优柔寡断、软弱怯懦。从心理学的角度来说，叛逆是孩子自我意识觉醒的表现。面对叛逆的孩子，父母必须坚持正面管教，以正确的方式养育孩子，才能引导孩子度过叛逆期。毫无疑问，孩子所有的叛逆行为的背后，都隐藏着深层次的心理原因和成长动因。父母要了解处于特定成长阶段的孩子的身心发展特点，才能有的放矢地教育和引导孩子。

在2～3岁，孩子处于幼儿叛逆期，随着自我意识的发展，他们越来越不喜欢被父母命令或安排。如果父母强迫他们做某件事情，他们就会激烈地反抗，哪怕父母的要求和命令是正确的。反之，如果父母能够引导孩子自主地选择或决定做某些事情，并表现出对孩子的尊重和理解，孩子就会获得安全感，接纳叛逆期的自己，从而顺利度过叛逆期。

傍晚，爸爸从幼儿园接了彬彬回到家，就开始给彬彬准备水果。彬彬在客厅的角落里玩着玩具，妈妈在厨房里热火朝天地做饭，家里秩序井然，每个人都有自己的事情要做。正在这时，爸爸发现彬彬脱掉了外套，就赶紧要求彬彬穿上外套，但是彬彬丝毫不理会爸爸的话，依然光着上身玩玩具。爸爸很生气，训斥彬彬："彬彬，你怎么这么不听话？你如果不穿外套，我就不给你准备水果了！"爸爸声色俱厉地说，彬彬连头都没抬。

这个时候，妈妈走到彬彬身边，对彬彬说："彬彬，这件衣服是你最喜欢的，因为上面有蜘蛛侠，对不对？"彬彬点点头，继续玩玩具。妈妈又问："彬彬，你为什么脱掉蜘蛛侠衣服呢？蜘蛛侠一定很伤心！"这时，彬彬才放下玩具看了一眼旁边的衣服，说道："衣服湿了，难受。"妈妈温和地询问彬彬："妈妈现在就把衣服吹干，你自己穿上，好吗？"彬彬高兴地点点头。很快，妈妈吹干衣服，彬彬马上就穿好了衣服。

在这个案例中，爸爸显然缺乏耐心，还没了解彬彬脱掉衣服的真实原因，就开始训斥。幸好妈妈及时赶到，以温和的态度询问彬彬，从而避免了彬彬的叛逆行为。

面对叛逆期的孩子，父母要做好三点，才能与孩子顺畅沟通、友好相处。

首先，父母一定要真诚地对待孩子，无条件接纳孩子。唯有以此为前提，父母才能真正接纳、了解和尊重孩子。有些父母嘴上喊着尊重和理解孩子的口号，行为却与此截然相反，孩子当然会感受到父母的言不由衷和敷衍了事。

其次，父母要回应孩子的情感。要想培养出自信的孩子，让孩子获得安全感至关重要，这就要求父母一定要及时回应孩子的情感。有些父母忙于工作或忙着做家务，哪怕得到了孩子的邀请，也不愿意给予孩子积极的回应，孩子渐渐地就会缺乏安全感，感到孤独。例如，妈妈正在忙着做饭时，孩子提出："妈妈，你可以跟我一起读这个故事吗？"如果可以中断手中的事情，父母应该当即满足孩子的要求。如果不能中断，则可以告诉孩子："当然可以，但是这个菜还需要十分钟才能关火，你愿意再等十分钟吗？"等到十分钟过去，父母就要兑现诺言。

及时的情感回应，会让孩子觉得自己是被重视的，因此更加看重自己，这对培养孩子的自信至关重要。

最后，父母既要无条件接纳孩子，也要对孩子的一些行为表明态度，即有条件地接纳孩子的行为。相信只要父母用心、耐心、关心，就能陪伴孩子度过生命中的第一个叛逆期。

孩子为何疏远父母

在传统的教育观念中，很多人都信奉棍棒底下出孝子，也坚持"打是亲，骂是爱"的教育原则。其实，这是教育的最大谎言。很多父母在打着爱的旗号对孩子非打即骂之后发现，这么做只会导致孩子更加叛逆，疏远父母，而无法建立良好的亲子关系，更无法保证亲子教育的效果。

父母不妨换位思考，回想自己从小被父母打骂时，是否感受到父母的爱意。在很多西方国家，父母打骂孩子有可能触犯法律，还会被剥夺对孩子的监护权。与此同时，孩子将会被移交给儿童收养机构负责照顾。其实，哪怕不从法律层面禁止父母打骂孩子，父母只要略微思考，也会知道打骂孩子将严重损害孩子的身心健康。

马丽三十几岁才生了女儿，因而把女儿视若珍宝。当女儿还是婴儿时，马丽就把女儿照顾得无微不至。随着女儿渐渐长大，马丽的烦恼越来越多。这不，女儿才上幼儿园小班，马丽就频繁地与女儿发生冲突。

这天晚上，女儿看动画片到八点半依然意犹未尽，而此前马丽和女儿约定的是八点洗漱，八点半关灯睡觉。此时，距离约定好的睡觉时间已经过去半小时，马丽很烦躁，生气地对着女儿吼叫。女儿一边骂一边继续看电视，直到九点多才关掉电视。洗漱时，马丽有些生气，动作粗暴。看到女儿不配合洗脸，她就拿起湿毛巾使劲擦女儿的脸。刷牙时，女儿故意把水弄得到处都是，马丽索性狠狠地打女儿的屁股。因为地上很湿滑，女儿站立不稳，一屁股坐在地上哭了起来。就这样，一直折腾到晚上十点多，家里还充斥着女儿的哭声，马丽也快要崩溃了。

在这个案例中，马丽显然不知道如何与叛逆期的孩子沟通，因而导致孩子到了睡觉时间也不愿意关掉电视。马丽不懂得控制情绪，即使孩子已经开始洗漱，她也依然带着情绪，粗暴地对待孩子。孩子虽然小，却可以感知到父母的情绪。在这样的恶性循环中，马丽与孩子之间的关系越来越紧张。

面对叛逆期的孩子，父母的情绪越是暴躁，孩子的叛逆行为越是严重。如果父母长期打骂孩子，就会降低孩子的智商。这是有科学依据的。科学家经过研究发现，孩子长期遭到语言暴力、体罚，大脑的结构就会改变，智商就会下降。与此同时，孩子患上心理疾病和精神疾病的概率也会增加。

此外，两三岁的孩子也是有自尊的。父母在冲动之下甩手给了孩子一巴掌，其实是在发泄自己的负面情绪，只顾着自己解气，而丝毫没有意识到这一巴掌打碎了孩子的自尊。很多孩子在童年时期自尊心受损，长大之后很有可能自我伤害。由此可见，伤害孩子的自尊心，给孩子带来的负面影响是深远且持久的。

从亲子关系的角度来说，打骂孩子只会让孩子更加叛逆，也越来越疏远父母。其实，一切的家庭教育都要以良好的亲子关系为前提和基础。一旦亲子关系破裂，家庭教育就会中断。父母要想培养出身心健康、品行良好的孩子，就要从现在开始彻底摒弃"打是亲、骂是爱"的教育信念，形成新的教育理念，坚持新的教育模式。

第二篇

7～9岁成长叛逆期

人生中的第二个叛逆期在7～9岁，叫成长叛逆期。在这个阶段，孩子的自我意识越来越强，随着各方面能力的增强，孩子对父母的反抗也更加强烈。对待处于成长叛逆期的孩子，父母一定要坚持尊重、理解、接纳和平等对待的原则。

第五章
怎么说孩子才会听

父母在见识过2～3岁叛逆期的孩子之后，丝毫没想到进入成长叛逆期的孩子的言行举止会更加令人头疼：他们总是与父母针锋相对，动辄对父母发脾气或者顶嘴，仿佛彻底忘记了所有的规则；他们最大的兴趣就是挑战父母的极限，给父母惹麻烦，让父母焦头烂额。面对处于成长叛逆期的孩子，父母必须讲究策略和方法，才能帮助孩子实现成长的蜕变。

叛逆不是孩子的错

观看电影《楚门的世界》,很多人都对结局感到震惊。原来,楚门从出生起就被当作真人秀的主角,他拥有的生活只是提前设定的剧情而已。回想起自己从出生开始一直在被摄像头对准,自己的喜怒哀乐都是人为设定的,楚门的震惊无以言表。其实,很多孩子和楚门都有几分相似之处,唯一不同的地方在于,他们的生活是被父母严密监视和掌控的,而楚门的生活则是被摄像机严密监视,被导演掌控的。

没有人愿意活在他人的掌控之中,楚门如此,孩子也是如此。随着不断成长,孩子自身的能力得到快速提升,他们对父母的依赖程度越来越低,对自由的渴望却越来越强烈。为此,他们迫不及待想要摆脱父母的控制,真正地走向独立。

很多细心的父母都发现,和2~3岁孩子无意识的反抗行为相比,7~9岁正处于成长叛逆期的孩子无疑具有更强烈的自我意识,具有更强大的各种能力,与父母的抗争也更加激烈。他们不管做什么事情都喜欢独立作主:明知道马上就要迟到了却偏偏要赖床;不吃父母辛苦做好的饭菜,而点名要吃家里没有的汉堡;肆无忌惮地惹是生非,还扬言不需要父母收拾残局;最喜欢插嘴大人的交谈,自以为是地高谈阔论;总是把房间弄得乱七八糟,而自以为这很酷;总是擅自延长看电视的时间,而对父母的警告不以为然……面对处于成长叛逆期的孩子,很多父母简直怀疑孩子是自己的冤家对头。

实际上,上述这些令父母无法忍受的行为,是孩子发出的抗议信号,他们只是想告诉父母：我长大了！我需要自由！我渴望独立！一旦接收到孩子的这些抗议信号，父母就要反思教育的方式，学会放手，给予孩子更大的自由空间。

父母既不要过度控制孩子，也不要过度溺爱孩子。要想让孩子积极地做出改变，只靠着对孩子讲道理或者下命令是远远不够的，还要学会和孩子斗智斗勇。毕竟，7～9岁的孩子不再像小时候一样依赖父母。父母要想在孩子面前再次树立威信，赢得孩子的信任，还需要费一番心思呢！需要注意的是，父母给予孩子的自由空间越大，就越是能够消除孩子的逆反心理；反之，父母越是严格管教和控制孩子，孩子的逆反心理越是强烈！养育孩子就像养花，随着植株不断成长，父母要及时给花换盆，也要及时给孩子更大的空间以发挥主观能动性。

教会孩子遵守规矩

对7～9岁的孩子，强制命令显然失去了效力，反而会激发起他们更强烈的反抗。为了让孩子主动遵守规矩，父母可以和孩子一起制订规矩。逆反心理使孩子不由分说地抗拒遵守父母制订的规矩，但是对自己亲自参与制订的规矩，他们还是愿意遵守的。因此，邀请孩子一起制订规矩，是说服孩子遵守规矩的捷径。

每天晚上，家里都会鸡飞狗跳，因为才上二年级的牛牛不愿意关掉电视，更不愿意按时洗漱睡觉。父母当然不会任由牛牛看电视看到困倦得睁不开眼，因为牛牛第二天早晨起床也特别困难。这天晚上，距离规定的洗漱时间只差十分钟，牛牛还要看一集新的电视节目。妈妈知道，等到十分钟之后，他又会死乞白赖地要求看完整一集电视节目，这意味着他的洗漱和睡眠时间又要推迟。果不其然，一切如约上演。

第二天白天，妈妈一直在思考如何解决这个问题，终于想出了一个好办法。当天下午，牛牛刚刚放学回到家里，妈妈就召开了家庭会议。在会议上，妈妈频繁地让牛牛发言，全家人一致通过了新的作息时间表。当然，妈妈也遵循牛牛的意见，把此前规定的八点洗漱和八点半关灯都推迟了半个小时，变成了八点半洗漱和九点关灯。与此同时，妈妈没忘记把丑话说在前面，提出问题："如果到了洗漱时间，电视节目只看了一半，怎么办？"牛牛试探地问："接着看完？"妈妈摇摇头。爸爸说："其实，电视节目看一半很难受。"牛牛接连点头，爸爸继续说："我认为，可以提前关掉电视，做一些其他不连贯的事情，例如读一篇故事。这样就不用忍受看电视看一半的痛苦了。"后来，全家人商议得出结论，要么到点关掉电视，要么提前结束看电视。果然，在这次家庭会议之后，牛牛再也没有因为洗漱和睡觉而磨蹭过了。

其实，7~9岁的孩子之所以拒绝遵守父母制订的规矩，并不是认为父母制订的规矩不合理，而是因为他们不想听父母的话。换而言之，哪怕他们心里想的和父母提出的建议完全相同，也宁愿改变想法，而不愿意接受父母的建议。从心理学角度分析，他们是想以这样的方式向父母宣告主权。面对这样的孩子，父母常常感到特别生气，导致亲子关系剑拔弩张。由此一来，孩子会从抵触规矩，到公然违反规矩。

要想让孩子遵守规矩，就要把被孩子抵触的规矩变成孩子愿意遵守的规矩，即把父母制订的规矩变成孩子制订的规矩。在成长叛逆期，孩子对父母有逆反心理是完全可以理解的，可他们对自己丝毫没有逆反心理。为此，父母要做的就是邀请孩子参与制订规矩，从而让规矩摇身一变成为孩子制订的规矩，孩子当然会作为表率遵守规矩。

在制订规矩时，父母要引导孩子制订有温度且充满爱的规矩，要和善而坚定地与孩子交流，也要尊重孩子的意见，最终与孩子达成共识。此外，制订规矩不需要多么复杂，而要简单易行、具体详细，这样才能起到良好的效果。制订好的规矩完全可以形成简单的文字，让全家人签字表示赞同，这样的形式能够增强孩子的神圣感。如果没有落实到纸面上，父母就要表述规矩，让孩子重复，从而真正达成共识。

孩子是需要激励的，父母还可以和孩子一起制订积分制度，让孩子通过遵守规矩获得积分，以兑换相应的礼物或者外出游玩的机会。总之，让孩子遵守规矩的关键在于消除孩子的抵触心理。

积极暂停法让孩子不再无理取闹

对任性、犯错的孩子，很多父母都会采取传统的教育方法，让孩子罚站或者面壁思过。其实，不管是罚站还是面壁思过都带有惩罚的意味，难免会让孩子心生抵触。最好的做法是积极暂停，这样父母和孩子都能冷静下来思考问题，也就能够理智地处理问题。

心理学家经过研究发现，大多数人在愤怒的情况下都会无法思考，或者降低智力水平，这是因为愤怒是极其强烈的情绪，会扰乱人的思绪，使人暂时失去理智，变得冲动。正因如此，才有人说冲动是魔鬼。在亲子教育中，面对孩子有心或者无意、初次或者屡教不改犯下的错误，父母往往忍不住生气，还有可能怒不可遏。孩子呢，也会因为任性、刁蛮而偏偏与父母对着干。当父母与孩子的情绪都处于愤怒状态，最好的方法不是继续理论或者一较高低，而是当即离开令人生气的情境，彼此分开，这就相当于按下了情绪的暂停键，能够让彼此都尽快恢复冷静。

所谓积极暂停法，其实就是暂时分开，不理会对方，而且在分开的这段时间里各自反省，深刻地自我反思，从而找到更合适的方法解决问题。和罚站孩子或者强硬要求孩子面壁思过相比，积极暂停法的效果更好。不仅亲子之间可以，夫妻之间、朋友之间，甚至是同事之间，也可以运用积极暂停法处理矛盾、消除分歧。

俗话说，知子莫若母。妈妈很清楚，小天偶尔是会无理取闹的，尤其是得理不饶人，不愿意理解和体谅他人。有一次，爸爸妈妈承诺周末和小天一起郊游、露营，偏偏天气骤变，乌云压境，随时都有可能下雨。此外，爸爸在工作上临时有紧急情况需要处理，为此和妈妈商议决定推迟郊游和露营的计划。得知这个消息，小天哭闹不止，不管爸爸妈妈如何解释，他坚持要按计划郊游和露营，甚至威胁爸爸妈妈："如果你们不带我去郊游和露营，我就自己去。"

爸爸妈妈当然知道小天早就想独立行动，也知道要放手让孩子做一些力所能及的事情，但是才八岁的小天显然不具备独自郊游和露营的能力，更何况天气状况很不好。妈妈很生气，原本想狠狠地批评小天，转念一想，对小天说道："小天，我知道你很难接受临时改变郊游计划。这样吧，我们各自冷静半小时，等到恢复平静再来商议到底怎么办。"

在妈妈的建议下，小天去了自己的游戏角玩玩具，爸爸赶紧去处理紧急的工作，妈妈则开始做家务。半小时之后，全家人聚集起来商议郊游的事情，小天此时已经恢复了平静，认为天气的确不好，不如下周赶着好天气再去露营。爸爸妈妈都表扬了小天，原本棘手的亲子矛盾就这样和平解决了。

在这个案例中，妈妈使用了积极暂停法，帮助全家人恢复了平静。使用积极暂停法，一定要注意积极暂停与罚站、面壁思过等惩罚的方式是完全不同的。如果说罚站和面壁思过是以冷暴力的方式处罚孩子，那么积极暂停法则是以暂时分开的方式帮助父母和孩子都恢复平静。在分开思考的过程中，父母要尽量站在孩子的角度看待问题，孩子则要尽量理解和体谅父母，如此才能齐心协力地解决问题。

耐心倾听，孩子不再插嘴或顶嘴

很多父母教育孩子都缺乏耐心，尽管溺爱孩子，却只是单方面把自己认为好的一股脑地塞给孩子，而从来不倾听孩子，更不想了解孩子真实的想法和需求。还有的父母总是过度控制孩子，不假思索地拒绝孩子。为此，孩子要想表达，就要以插嘴或者顶嘴的方式，才能吸引父母的关注。

很多父母都因为孩子喜欢插嘴或顶嘴而苦恼，并因此给孩子贴上负面标签。如果父母只是从孩子身上寻找原因，那么无论如何也无法解决问题。对父母而言，唯有自我反思，意识到自己对孩子缺乏了解，更不知道如何与孩子合作，才能从根源上解决问题。

孩子虽然因着父母来到这个世界上，但他们既不是父母的附属品，也不是父母的私有物。小时候，孩子必须依赖父母的照顾才能生存。随着不断成长，孩子的能力得以提高，他们试图摆脱对父母的依赖，独立自主地面对和处理很多问题。随着孩子自我意识的觉醒，如果父母依然想强制要求或者命令孩子，总是不由分说地批评和指责孩子，那么孩子的本能反应必然是反抗，具体方式就是顶嘴。父母认为孩子越大越不懂事，不服从管教，殊不知这恰恰意味着孩子正在健康成长。他们以这样的方式告诉父母，"我已经长大了，我相信自己是对的""希望你们能改变对待我的方式，不要再把我当成小孩子了"。

很多父母依然停留在新生命呱呱坠地的时刻，认为孩子离开父母的照顾就无法存活。其实，只有跟随孩子成长的脚步，与时俱进，才能找到更好的方式与孩子相处。

自从升入三年级，妈妈发现单宁特别喜欢顶嘴。不管爸爸妈妈说什么，她第一时间就会顶撞，否定爸爸妈妈的观点，仿佛她不需要思考就知道爸爸妈妈一定是错的。有几次，妈妈实在生气，因而狠狠地批评了单宁。即便如此，单宁也依然噘着小嘴，满脸都写着不服气。妈妈很苦恼，特意带着单宁去看心理医生，想让心理医生解开单宁的心结，不要再与父母针锋相对。

让妈妈惊讶的是，心理医生并没有询问单宁有什么异常的感受，而是夸赞单宁的衣服款式新颖，因而邀请单宁为她的芭比娃娃搭配一件好看的裙子。妈妈在旁边欲言又止，心理医生让妈妈去隔壁摆满绿植的房间里先休息片刻。其实，心理医生是担心妈妈又会和单宁爆发矛盾，破坏了现场和谐的沟通氛围。单宁很快就选了一条漂亮的裙子，并得到了心理医生的认可和感谢。大概半小时过去了，妈妈等得都着急了，心理医生才请妈妈来到诊室。接下来，心理医生告诉妈妈如何改变方式与孩子沟通，并教给她很多有用的小妙招以减少孩子的逆反心理。

在上述案例中，妈妈之所以总是招致单宁的抗拒，是因为她总是把单宁当成小孩子，而单宁已经进入了成长叛逆期，无比渴望获得妈妈的尊重和平等对待，也想获得更大的成长空间。

在教育领域，很多人都把整日盘旋在孩子头顶、全方位无死角监视孩子的父母称为直升机父母。可想而知，没有人愿意每时每刻被看管，孩子更是如此，所以父母一定要改变方式对待日渐长大的孩子，要知道适时放手才是对孩子最好的爱。

志愿工作让孩子拥有同理心

如今，很多父母都抱怨孩子缺乏同理心，不能对他人产生共情，常常表现得自私、冷漠。其实，这与孩子从小就习惯的生活有关。大多数家庭都只有一个孩子，孩子为此衣来伸手、饭来张口，坦然接受父母和长辈倾尽所有为他们提供的一切优渥条件。长此以往，他们必然以自我为中心，形成唯我独尊的不良心态。

当意识到孩子缺乏感恩之心，也缺乏同理心时，父母与其一味地说教，告诉孩子要懂得理解和体谅他人，不如采取切实有效的方法让孩子亲身体验更多样的生活，感受更丰富的人生。例如，父母可以和孩子一起当志愿者，这对培养孩子的同理心效果显著。

暑假到来，利利每天待在家里吹着空调，吃着冰镇西瓜，看着有趣的电视节目，渐渐地感到无聊。有一天，他对妈妈说："妈妈，我的暑假也太没意思了，一点儿都不精彩。"妈妈对利利的话感同身受，她也认为利利的暑假太单调太舒适了，缺乏体验感。从放暑假至今已经过去了一个月，利利早就完成了暑假作业，还阅读了很多课外书。此外，就是接受妈妈的安排，练字、学素描，每天傍晚去小区的广场上与小伙伴玩。那么，利利的暑假还缺少什么呢？

晚上，妈妈正在看新闻，当看到有些志愿者去养老院帮助孤寡老人时，她脑中灵光一闪，决定带着利利去当志愿者，培养利利的同理心。原来，利利什么都好，就是有些以自我为中心，很少考虑他人的感受。妈妈当即联系了社区报名志愿者，几天后的周末，她和利利跟随志愿者的队伍，来到了养老院。在养老院里，利利惊讶地发现原来老人那么孱弱，很多事情都需要帮助。起初，利利还有些怕脏怕累，随着不断深入了解了老人们的生活，他越来越感受到老人们的孤独无助。一天的志愿活动结束时，利利对妈妈说："妈妈，我以后还要参加志愿活动。"妈妈欣慰地笑了。

很多孩子都缺乏同理心，是因为他们受到人生经验的限制，无法切身体会到他人的感受。在当志愿者奉献爱心的过程中，孩子们能够见识不同的人生，了解不同的社会，从而变得富有同情心，也能设身处地为他人着想，对他人的痛苦感同身受。

作为父母，一定要坚持培养孩子先成人，再成才。对孩子而言，良好的品格远远比试卷上的分数更重要。其中，富有同情心和同理心的孩子，必然更受人欢迎。在日常生活中，父母要有意识地带孩子参加公益活动，让孩子接触不同的人，看到不同的人生。在此过程中，孩子的胸怀会越来越开阔，心中拥有的爱也会越来越多。

除了带孩子参加志愿者活动之外，生活中的很多点滴小事都是教育孩子的好时机。例如，在人多的公众场合，教会孩子小声说话，切勿大声喧哗；在超市、商场等处，结账时要主动排队，耐心等待；每时每刻都要爱护环境，切勿乱丢垃圾；要尽量乘坐公共交通工具出行，节能减排，等等。当孩子做好各个方面，就能形成优秀的品格。

第六章
好习惯成就好人生

养成坏习惯很容易，养成好习惯却很难。父母要想帮助孩子养成好习惯，让孩子一生受益，就要和孩子一起制订规则，引导孩子遵守规矩。注意，切勿一时心软就允许孩子违背规则，只有和善而坚定地对待孩子，坚持要求孩子遵守规则，才能让孩子因为好习惯成就好人生。

养成良好的生活习惯

养育孩子，父母必须和善而坚定。有些父母特别溺爱孩子，对孩子无原则地纵容，无限度地包容，长此以往必然导致孩子任性妄为，骄纵无度。有些父母对待孩子高标准严要求，堪称苛刻，总是为孩子制订各种各样的规则，导致孩子束手束脚，缩头缩脑，则会使孩子胆小怯懦，性格软弱。

其实，父母养育孩子既不能骄纵，也不能过于严苛。在为孩子制订规则时，父母要尊重孩子的意见，在与孩子达成一致之后，与孩子保持眼神交流，准确、清晰地说出规矩。与此同时，父母要保证语气和态度都恰到好处。如果没有把规则落实到纸面上签字认证，那么父母要让孩子复述规则的具体内容，这样就相当于和孩子确认了规则。

需要注意的是，制订规则切勿只针对孩子，而是全家人都必须遵守。有些父母只许州官放火，不许百姓点灯，只以规则约束孩子，自己却无拘无束。可想而知，在这样的规则面前，孩子是不愿意遵守的。此外，制订规则要当即执行，无特殊情况，切勿轻易改变规则，或是打破规则。总之，只有全家人共同坚持遵守规则，孩子才会对规则形成敬畏之心。当孩子自制力提高，每时每刻都能遵守规则，就能养成好习惯。如果说规则是强制要求孩子执行，那么好习惯的力量则更加神奇。有好习惯的孩子无须外力约束和强制，会自然而然地做出相应的行为。这正是习惯力量的神奇之处。

例如，在最初制订规矩，要求全家人每天都要准时十点关灯睡觉之际，孩子和父母都需要战胜拖延，克服继续看电视、玩游戏或者玩耍的欲望，才能准时熄灯就寝。随着遵守规则的时间越来越长，大家都习惯成自然，到了十点钟，无须任何人催促，孩子和父母就会主动关灯就寝。如此一来，遵守规矩的行为就变成了自然而然的习惯。

最近，妈妈很为艾米骄傲，因为每次带着艾米出门，都有很多人赞美艾米是个真正的淑女，不但穿着打扮特别得体，而且发型一丝不苟，脸和手总是洗得干干净净。其实，大家不知道的是，艾米小时候可是个小花猫。尤其是刚刚升入一年级时，艾米每天都脏兮兮的，早起甚至不愿意洗脸刷牙。

后来，妈妈召开家庭会议，对所有家庭成员的卫生做出了明确要求。当然，妈妈没忘记让艾米发表意见，还联合艾米一起抨击爸爸不能坚持每天洗头的恶习。爸爸配合妈妈演绎"双簧"，终于让艾米接受了家里的卫生新标准，而且每个人都在家庭成员卫生条例上签字了。就这样，艾米再也不抗拒早晨洗脸刷牙了。因为凭着良好的个人形象得到大家的赞美，她越来越爱干净，还荣获了好几次"班级卫生标兵"的荣誉。

良好的生活习惯需要长期坚持才能渐渐养成。艾米之所以大变样，是因为她参与了家庭卫生标准的起草和制订，还因为改善个人形象得到了大家的赞美。为此，她的良好行为得以强化。

父母在煞费苦心地和孩子一起制订各种规矩，且与孩子斗智斗勇，帮助孩子坚持遵守规矩之后，切勿忘记表扬孩子的点滴改变和进步。对处于成长叛逆期的孩子而言，正面强化的效果是立竿见影的。只有善用正面强化的父母，才能帮助孩子在最短的时间内养成好习惯。

自然后果法让孩子不再丢三落四

很多父母都为孩子丢三落四而烦恼，早晨刚刚把孩子送去学校，就接到老师打来的电话，要求把孩子落在家里的作业送过去。此时此刻，父母很有可能才刚刚赶到工作单位，只好向领导请假。更糟糕的是，不管父母送作业多么麻烦，不管父母多么苦口婆心地劝说孩子认真检查书包，孩子依然会把课本、作业和文具等落在家里。

要想彻底帮助孩子改掉丢三落四的坏习惯，父母与其成为孩子的私人助理，随时随地帮助孩子回家取各种东西，不如给孩子制订规矩，让孩子独自承担起丢三落四的自然后果。因为只有为自己的行为买单，孩子才能把马虎粗心的后果牢记于心，也才能尽量避免再犯同样的错误。

在班级里，很多同学都称呼汪洋为"马虎大王"。"马虎大王"的具体症状：每天都等到上课铃响了才四处找书本和文具；课桌的桌面总是乱七八糟，毫无头绪；每天放学回家都要拜托妈妈在家长群里问作业；隔三差五就需要妈妈或者爸爸送作业到学校；考试的时候需要借用其他同学的文具，因为他的文具早就不知所踪了……因为汪洋丢三落四，所以他的爸爸妈妈简直要崩溃了。

这天放学回到家里，汪洋愁眉苦脸地对妈妈说："妈妈，你需要帮我买一本新的数学练习册，因为我的练习册找不到了。"妈妈一时之间无话可说，沉默着面对汪洋，汪洋误以为妈妈在同情他，继续说道："老师简直太残忍了，居然让我把新练习册补到现在的位置，我不得被累死吗？"听到汪洋的话，妈妈仿佛受到了启发，当即说道："汪洋，我没钱给你买新的练习册了，你要自掏腰包。练习册买来之后你也不能直接写，而是要自己抄一份，不然下次不见了，又要花你的钱买一本。"对汪洋而言，妈妈的话简直如同晴天霹雳，他哭着说："妈妈，你是丧心病狂了吗？"妈妈坚定地看着汪洋。后来，不管汪洋忘记带什么，爸爸妈妈都不再帮他回家取。无奈，汪洋只得接受老师的批评。次数多了，汪洋渐渐改掉了丢三落四的坏习惯，每天晚上睡觉之前都会认真检查书包呢。

在这个案例中，起初爸爸妈妈总是无条件帮助汪洋，所以汪洋丢三落四的习惯变本加厉。后来，爸爸妈妈下定决心再也不帮助汪洋，还要求汪洋自己承担丢失练习册的后果，使汪洋受到了深刻的教训。

18世纪，大名鼎鼎的教育家卢梭提出了自然后果法，告诉人们父母无须直接干涉、惩罚或者制止犯错的孩子，而是要让事情遵循自然规律向前发展，这样孩子才会承担事情自然而然的后果。当孩子因为承担后果而感到痛苦，他们就会主动提醒自己不要再犯同样的错误，也会积极地做出改变。

在家庭教育中，父母不可能永远跟在孩子身后收拾残局，既然如此，不如早早地让孩子承担自然后果，为自己的各种行为买单。对丢三落四的孩子，在让孩子承担自然后果之前，可以先与老师沟通，让老师做到心中有数，也可以趁此机会教育孩子。

让孩子承担自然后果，不但教育效果显著，而且能够纠正孩子的不良行为。孩子接受父母的惩罚，必然心生抵触，甚至怨恨父母；孩子承担自然后果，知道一切事情都是自己的行为引发的，所以无处抱怨，只能接受。在运用自然后果法教育孩子时，父母一则要狠下心来，二则要保证孩子承担后果是安全的。

培养孩子的条理性

每天晚上写作业，是全家人最痛苦的时刻，因为娜然写作业特别慢，而且东一榔头西一棒子，先是在写语文作业，不等写完语文作业又开始写数学作业，期间还会交叉英语作业。结果，她虽然忙碌了整个晚上，效率却极其低下，直到要睡觉了，还是没有完成任何一项作业。面对娜然的表现，妈妈总是批评娜然拖延成性。有一次，学习儿童心理学的小姨来家里做客，看到娜然写作业虽然刻苦用功，却效率低下，忍不住提醒道："娜然，你不是磨蹭，是缺乏条理性。"

说着，小姨环顾娜然的房间，感慨道："你看看你的房间，哪里像三年级的学生的房间呢！这么乱七八糟的，毫无条理可言，难怪你写作业也没有条理呢！"小姨当即要求娜然列出所有的作业，再按照轻重主次的顺序排序，最后告诉娜然："先写最重要且最紧急的作业，再写不重要但很紧急的作业，继而写重要但不紧急的作业，最后写不重要也不紧急的作业。如果到了睡觉的时间，最后一项作业可以暂时搁置，等到第二天有空再写。"按照小姨的方法，娜然很快完成了第一项作业，她受到鼓舞，一鼓作气，没有休息就继续写其他作业。这天晚上，娜然不到九点就完成了所有作业，令妈妈欣喜不已。

在这个案例中，妈妈误以为娜然是因为拖延才导致写作业效率低下，其实是错误的。小姨不愧是学习儿童心理学的，一眼就看出娜然的问题在于缺乏条理性。为此，小姨帮助娜然整理和排序，有效提升了娜然完成作业的效率。

要想帮助孩子养成条理性，除了可以从作业着手，整理先后顺序之外，还可以从生活中的很多事情着手，让孩子养成秩序井然的好习惯。例如，每个星期都和孩子一起整理房间，直到孩子能够独立整理房间；每天提醒孩子整理书包，检查各种东西是否已经带齐，还要引导孩子按照课程表的顺序放置书本和文具，这样孩子第二天在学校就不会手忙脚乱找各种东西；教会孩子统筹利用时间，很多齐头并进的事情可以同步进行。很多家庭主妇每天都可以最大限度地利用时间，在她们的用心安排下，一天的时间能够用来做很多事情。仅以中午做饭为例，可以先淘米浸泡，在浸泡大米的同时择菜洗菜；按下煮饭键之后，就开始用准备好的食材烹饪菜肴。等到米饭做好了，菜肴也基本完成了。在炒菜的过程中，还可以先做需要长时间炖煮的食材，再炒制青菜，等等。

其实，不仅学习，生活中的很多事情都需要有条有理，才能秩序井然。有些父母认为孩子只要好好学习就行，无须在不重要的事情上花费时间和精力。父母不知道的是，孩子各个方面的成长和发展都是密切相关的。换言之，当孩子在生活上有条有理，对待学习也就能够区分主次，提高效率；反之，如果孩子在生活中浑浑噩噩，茫无头绪，对待学习必然三心二意、敷衍了事，也会因为混乱导致效率低下，还谈何好成绩呢？从习惯的角度来说，养成有条有理的好习惯，孩子将会受益一生。因而，父母一定要注重培养孩子的条理性。

发展社交，远离网络

如今，很多孩子都特别喜欢玩网络游戏，有些孩子还会沉迷上瘾，导致严重影响正常的生活和学习。面对沉迷网络的孩子，父母可以自编游戏，从而引导孩子把玩游戏和认真学习相结合。也有些父母简单粗暴，不是打骂孩子，就是没收孩子的电子设备，导致孩子激烈反抗，与父母的关系濒临破裂。其实，面对喜欢玩游戏的孩子，父母与其严令禁止，激发其逆反心理，不如为孩子制订规矩，让孩子既有选择的空间，也受到一定的约束。与此同时，父母还要鼓励孩子发展社交，结交更多的朋友，接触更多的人。当孩子从现实世界中获得的乐趣远超沉迷网络获得的满足，他们自然不愿意继续沉迷网络，而是投身于现实生活中。

说起孩子沉迷网络，有些父母也负有一定的责任。现代社会中，很多父母都是低头族，在结束一天的工作回到家里之后，他们压根没有耐心陪伴孩子，而只会捧着手机看个不停。孩子受到父母潜移默化的影响，自然也会亲近网络。此外，有些父母为了图清净，还主动把电子产品交给孩子玩，让电子产品代替父母陪伴孩子，不得不说，这些父母是极其不负责任的。

为了帮助孩子远离网络，感受现实生活的精彩和美好，父母要做到两点。

首先，召开家庭会议，设置每周的无网络日。很多父母误以为孩子喜欢的是电脑或者手机，因而粗暴地没收电脑或者手机。殊不知，离开了网络，电脑和手机对孩子压根没有吸引力。为此，父母需要管控的是孩子使用网络的时间。每周，家庭都要设置一天无网络日。在这一天里，父母非上班时间不能使用手机，孩子写完作业也不能打开电脑。刚开始时，父母和孩子可能都会觉得无所适从，可随着推行无网络日的时间越来越长，就会找到新的消遣。例如，妈妈会出门散步，或者对着电视练习瑜伽；爸爸和孩子一起玩游戏，一起阅读，甚至一起打扑克。有的时候，"百无聊赖"的家人还会深入地讨论某个话题，或者展开激烈的辩论，从而让各自的观点产生碰撞，让各自的想法交融。

其次，引导孩子合理利用网络，把游戏与学习相结合。其实，学习和玩耍并非是相互对立的，只要巧妙地用心设计游戏，就能把游戏和知识相结合。很多男孩特别喜欢玩充满血腥和暴力的游戏，那么不妨改变玩游戏的方式，规定完成一道特别有挑战性的难题后，就可以在游戏中闯过一关。此外，网络中那些虚拟的游戏，还可以通过邀请几个同伴各自扮演游戏中的角色变成真人版的。其实，不管游戏情节多么精彩，设计多么逼真，虚拟的游戏都远远不如现实的游戏那么诱人且充满吸引力。因此，父母要想帮助孩子戒掉网瘾，就一定要用生动鲜活的现实吸引孩子。

现代社会中，很多孩子越来越宅，这并非孩子的主观选择。从小，父母就因为忙于工作而忽略孩子；等到孩子渐渐长大，父母又因为担心孩子的安全问题，恨不得把孩子关在家里。父母要从自己身上寻找原因，发现家庭教育的弊端和不足，才能有的放矢地做出改变；还要带头远离电子产品，远离网络，这样才能摘掉低头族的帽子，付出更多的时间和精力陪伴孩子，让家庭氛围更加和谐愉悦。

与孩子互换角色

很多父母都盼着孩子长大，认为孩子不断成长，必然越来越听话懂事，也会做力所能及的事情，以减轻父母的负担。不得不说，在很多家庭里，父母这样的想法和期盼完全是一厢情愿。事实证明，越来越多的孩子变得自私、任性、霸道，不愿意帮助父母分担任何家务，也不能做到理解和体谅父母。面对唯我独尊的孩子，父母又该怎么做，才能培养孩子的责任心，增强孩子的责任意识，让孩子真正成为家庭的小主人呢？

俗话说，不当家不知柴米贵。很多孩子对父母索求无度，不是向父母要这个，就是向父母要那个，仿佛丝毫没有意识到父母赚钱养家是多么辛苦。当被父母拒绝不合理的要求时，孩子还会抱怨父母小气、抠门，等等。面对这种情况，父母首先要意识到自己教育孩子的方式出了问题，或者是溺爱孩子，或者是疏于培养孩子的责任心。总之，孩子并非天生自私。为了唤醒孩子的责任心，激发孩子的责任感，有必要让孩子切身感受父母辛苦工作赚钱养家、做各种琐碎的家务有多么艰难，这样孩子就能对父母感同身受。

简而言之，就是让孩子当小管家，代替父母的角色处理和安排各种家务事。孩子最初听到这样的提议一定会特别兴奋，因为他们早就认为自己长大了，不需要父母的管教和约束了。此外，当小管家还能让他们如愿以偿地掌管经济大权，可谓妙哉。为此，很少有孩子会拒绝当小管家。当然，父母还要明确地告诉孩子，在担任管家期间，父母负责扮演好孩子的角色。想到自己居然能成为父母的父母，孩子更是摩拳擦掌，跃跃欲试。

暑假到来，小敏要求妈妈为她买一辆平衡车。妈妈想到一辆平衡车需要几千块钱，而且并非生活的必需品，此外，她还很担心小敏骑平衡车的安全问题，因此，她毫不迟疑地拒绝了小敏的请求。对此，小敏很不满意，抱怨妈妈太小气。听着小敏的抱怨，妈妈灵机一动提议道："小敏，你总是说我小气抠门，要不这个月就由你来当家吧。正好我跟爸爸昨天刚刚领了薪水，这个月还没开始消费呢！"小敏难以置信地看着妈妈，怀疑妈妈是在跟她开玩笑。妈妈一本正经地说："如果这个月你能把家当好，未来还可以继续当家。"小敏忍不住两眼放光，当即连连点头。

得知家里每个月有6000元生活费，小敏很惊讶，问道："妈妈，我们一个月要花这么多钱吗？这怎么能花完呢？"妈妈笑着说："先别急着下定论，你能用6000元满足一个月的开销再说。"小敏才当家几天，就支付了500元电费、120元燃气费和90元水费。此外，还支付了全家人的鲜奶费用360元，以及购买米面粮油等生活必需品480元。小敏发愁地对妈妈说："妈妈，这才三天，就花了1550元固定开销，还花了150元买蔬菜和水果，都没买肉呢。6000元就只剩下4300元了。我之前以为每天200元完全花不完。"妈妈笑着对小敏说："小敏，我还需要200元充值地铁卡，100元充值手机费。"小敏张大嘴巴惊叹道："啊，只剩下4000元了。爸爸该不会也需要充地铁卡和手机费吧！"爸爸安抚小敏："没关系，爸爸可以克服一下，等到下个月再充。"就这样，才过去半个月，小敏的生活费只剩下2000元。她把钱还给妈妈，说道："妈妈，当家太难了，我不想当家了。"经历了这件事情，小敏再也不嫌弃妈妈抠门了。

妈妈很聪明，利用互换角色的方式让小敏当家，小敏因而切身体会到当家的难处。父母与其抱怨孩子缺乏责任心，不如向小敏妈妈学习，把家交给孩子来当。在这个过程中，还可以培养孩子勤俭节约的美德，提升孩子的财商。

要想让孩子当好小管家，还要根据孩子的能力，给孩子分配相应的家务活。家，是所有家庭成员的家，没有谁理所应当承担所有的家务。因此，当孩子具备一定的能力后，父母就要让孩子承担家务。这样既有利于培养孩子的自理能力，也有利于增强孩子的主人翁意识，可谓一举两得。

培养孩子的理财意识

如今,很多父母都意识到要从小培养孩子的理财意识,提升孩子的财商。当然,只是告诉孩子节约用钱是远远不够的,还要让孩子学会合理分配金钱,节制地购买各种东西。有些孩子从小就没有金钱观念,总认为家里的钱得来很容易,从不知道珍惜。又因为除了拥有父母给的零花钱之外,孩子还拥有爷爷奶奶、姥姥姥爷给的零花钱,所以更是花钱如流水,从不担心钱财也有千金散尽的那一天。

作为父母,切勿给孩子过量的零花钱。孩子缺乏自制力,也容易冲动,在拥有充足金钱的情况下,他们看到心动的东西就会毫不犹豫地购买,长此以往必然养成花钱如流水的坏习惯。其实,不仅孩子如此,成人也是如此。很多成年人都自称剁手党,虽然对自己不停买买买的行为深恶痛绝,却无法控制购物的欲望。尤其是在网络时代,网络购物极其便利,人们只需要动动鼠标就能买到想要的东西,消费成为随时随地的行为。其实,不管是成人还是孩子,都需要培养理财意识,改变消费观念。

自从蜜桃升入三年级,妈妈发现蜜桃的购物欲望大幅度提升。几乎每天放学,蜜桃都会向妈妈要东西,不是要买和赵新亚一样的文具盒,就是要买和刘丹妮一样的书包;不是要买和马婷婷一样的裙子,就是要买和龚欣然一样的凉鞋。总之,原本无欲无求的蜜桃一下子变成了购物狂,恨不得拥有所有同学拥有的所有东西。

如果妈妈答应蜜桃的请求,蜜桃就会很开心,连声叫着"好妈妈";如果妈妈拒绝蜜桃的请求,蜜桃就会很伤心,还会指责妈妈是小气鬼、吝啬鬼。如何才能帮助蜜桃戒掉买买买的坏习惯呢?作为会计师的妈妈,灵机一动想出了好办法。一天,妈妈对蜜桃说:"蜜桃,你现在已经不是小女孩了,而是大姑娘了,肯定有很多需要买的东西。我想,从这个月开始,每个月都给你固定的零花钱,你可以自由支配,购买你需要的东西。你认为怎样?"蜜桃有些怀疑地看着妈妈,问道:"妈妈,你不会只给我10块钱零花钱吧?"妈妈笑着说:"怎么会呢,我可不像你说的那么小气。我和爸爸商量了,每个月给你300元零花钱,这样你每天都有10元零花钱,如何?"蜜桃高兴得一蹦三尺高,抱着妈妈的脖子撒娇,心中暗暗想道:"我这下子可以随心所欲地买了。"然而,蜜桃才高兴了不到一个星期,就花光了300元零花钱。其实,妈妈早就预见了这个结果,也和爸爸约定坚决不透支零花钱。在接连几个月都面临后半个月身无分文的困境之后,蜜桃终于意识到花钱要有节制,还主动向妈妈请教如何攒钱,如何理财呢!看到蜜桃的改变,妈妈很开心。

很多父母不希望孩子过早地接触金钱,这样的想法未免过于传统。现代社会中,有钱虽然不是万能的,但是没有钱却是万万不能的。为此,父母要尽早培养孩子的理财意识,让孩子学会管理和支配金钱。

首先,父母要把握给孩子零花钱的分寸;其次,父母要引导孩子购买性价比高的东西,也要以实用性和需要为购物的首要原则;再次,父母要以身示范,教会孩子勤俭节约;最后,父母还可以给孩子提供挣钱的机会,让孩子体会金钱来之不易,花钱要细水长流。总之,孩子并非生来就懂得掌控金钱,而是通过后天的成长才能慢慢培养出金钱意识和理财观念。

第七章
培养热爱学习的好孩子

7~9岁的孩子，正在读小学的低年级，处于学习的关键时期。如果不能在这个阶段培养对学习的兴趣和热爱，将来进入中高年级，孩子就会出现厌学的表现。为此，对这个年龄段的孩子，父母要致力于激发孩子的学习兴趣和学习热情，让孩子对学习充满动力。

考试成绩欠佳，孩子更需要安慰

自从孩子进入小学，成为一年级的小豆包，大多数父母对孩子的学习就尤为关注。每当孩子在学习上取得小小的成绩，父母比孩子更加欣喜若狂；每当孩子在学习上表现欠佳，缺乏动力，成绩下降，父母比孩子更加灰心沮丧。渐渐地，父母对待孩子的心态发生了转变。在新生命呱呱坠地那一刻，父母唯愿孩子健康快乐地成长。然而，随着孩子不断长大，父母对孩子的希望越来越多，对孩子的关注重点也从身心健康转变为学习出类拔萃。为此，每当孩子的考试成绩出现波动时，父母马上就会对孩子声色俱厉，批评孩子对待学习态度不端正、方法不正确，没有拼尽全力。

其实，面对不尽如人意的成绩，孩子更需要安慰，因为孩子才是学习的主体，也是渴望得到好成绩的人。偏偏很多父母扮演了错误的角色，非但不能控制情绪安慰孩子，反而会情绪崩溃，怒气冲天，指责和抱怨孩子。真正合格的父母，会设身处地地为孩子着想，会对孩子的情绪感同身受，也会教孩子如何应对人生中的不如意和学习中的各种挫折和打击。对孩子的学习，父母切勿急功近利，而是要认识到学习的过程本身就是一种历练，掌握的知识本身就是最好的奖励。此外，孩子也能从失败中吸取经验和教训，增强抗挫折和抗打击能力，是宝贵的收获。

太多父母习惯于奖励那些在考试中超常发挥、取得前所未有好成绩的孩子，而忽略了在考试中发挥失常、考试成绩不符合预期的孩子更需要安慰。事实是，他们非但没有得到安慰和鼓励，还会被父母批评和训斥。可想而知，这对孩子而言是雪上加霜，会给他们更沉重的打击。近年来，很多父母与孩子的关系剑拔弩张，就是因为父母没有端正态度对待孩子的学习，且对孩子的成绩没有合理的预期。很多父母本身就不擅长学习，因而吃尽了生活的苦头，所以对孩子提出了过高的要求。他们不知道的是，学习从来不是凭着主观的期望就能达到目的的，而是受到很多因素的综合作用和影响。例如，父母本身的知识层次决定了他们能给予孩子怎样的帮助和引导；父母在社会生活中取得的成就决定了他们能给孩子提供怎样的成长和学习环境；父母的眼界和格局则决定了他们能在孩子成长的道路上看多远。从原生家庭的角度来说，父母就是孩子的起点，在很大程度上决定了孩子的未来。为此，父母在向孩子提出要求和期待时，不妨先想一想自己能否让孩子感到完全满意。如果答案是否定的，那么父母的当务之急是努力提升自己，致力于成为更优秀的父母。

　　从孩子的角度来说，他们辛辛苦苦地学习，想尽办法提升学习成绩，却在考试中失利了，一定会伤心、难过，也会充满沮丧感和挫败感。尤其是那些内向的孩子，很容易陷入自卑的泥沼，因而糟糕的感觉更是严重。对这样的孩子，父母一定要与孩子共情，也要帮助孩子再次点燃学习的热情和兴趣。其实，当父母尊重和理解孩子，也愿意与孩子分享自己求学过程中的各种糗事，就能极大地安抚孩子。需要注意的是，父母要侧重于以亲身经历教会孩子如何度过困境，战胜失败。从这个意义上说，父母更需要奖励考砸了的孩子，例如安排一顿孩子向往已久的全家宴，送给孩子一个心仪已久的礼物。父母必须煞费苦心，玩一些孩子看不透的"小花招"，才能让孩子从失败中奋起。此外，父母还要调整心态，切勿唯分数论。分数，只能代表孩子在前一个阶段的学习中有怎样的收获，而不能代表孩子未来的发展趋向。因此，父母养育孩子要有长远的眼光，也要有开阔的心胸，这样才能不急不躁，静待花开。

父母以身示范，激发孩子的上进心

很多父母都特别羡慕别人家的孩子，因为别人家的孩子不但长得人高马大，品德高尚，而且学习成绩出类拔萃，是全校学生的楷模，最重要的是还有上进心，从不止步不前。为此，父母常常抱怨自家孩子不够优秀，也会以比较的方式激励自家孩子奋起直追。与此同时，父母却放弃努力，对待工作敷衍了事，回到家里就吃喝玩乐，沉迷电视与游戏，在享受的同时偶尔提醒孩子："要努力啊，少壮不努力，老大徒伤悲！""你又不比别人笨，为何自甘落后呢！""你可别说是我的儿子，否则非把我的老脸丢尽了！"这么说的父母一定没有自我反省，也不曾意识到自己不是孩子心目中的理想父母，更不足以与其他那些优秀的父母相媲美。

在家庭教育中，身教大于言传。很多父母苦口婆心地劝说孩子发愤图强，自己却早就懈怠了。记得有一位名人说过，父母是孩子的第一任老师，也是孩子最好的老师。既然如此，父母就要身为表率，给孩子做好榜样。父母唯有以身示范，才能激发孩子的上进心。在一个家庭里，如果父母沉迷网络游戏，孩子必然玩电脑或者手机上瘾；如果父母每天都拼尽全力地工作，孩子必然会感受到父母的努力，也会在学习上不遗余力。孩子未必会成为父母期待的样子，却一定会成为父母真正的样子，因为孩子从出生起就与父母生活在一起，每时每刻都把父母的言行举止看在眼里，所以父母对孩子的影响是潜移默化的，也是润物无声的。

父母不管对孩子提出怎样的要求，自己都要首先做到。例如，父母希望孩子养成阅读的好习惯，自己就要放下手机，规定全家的阅读时间，陪伴孩子一起阅读；父母希望孩子百折不挠，越挫越勇，自己就要在生活中遇到困难时，切勿说灰心丧气的话，而是要始终表现出坚忍不拔的模样；父母希望孩子能够热爱学习，自己对待工作就要充满热爱，充满动力。

家庭，是孩子最好的学校。父母，是孩子最好的启蒙老师。在家庭教育中，父母的一言一行都会深刻地烙印在孩子的心中。父母勤奋，孩子才会勤奋；父母坚韧，孩子才会坚韧；父母努力，孩子才会努力。反之，父母懒惰，孩子必然懒惰；父母脆弱，孩子必然脆弱；父母松懈，孩子必然松懈。

在很多学霸家庭里，甚至没有电视。在原本应该摆放电视的位置，很有可能是一整面墙的书柜。每天茶余饭后，当看到父母捧起书本认真阅读时，孩子怎么会提出玩游戏的要求呢？在很多普通人家里，父母把孩子关在房间里写作业，自己则在客厅玩手机、玩电脑或者看电视，导致整体环境嘈杂，孩子受到影响无法保持专注，学习的效率大打折扣。显而易见，充满书香氛围的家庭更容易培养出学霸孩子，而父母只知道玩游戏看电视的家庭很难培养出热爱学习的孩子。

除此之外，父母还可以规定全家的阅读时间，即每周在固定的时间里，全家人围坐在一起阅读，还可以针对阅读的内容进行交流和讨论。大多数孩子都喜欢参与家庭活动，集体阅读恰恰是最有意义的家庭活动之一。当父母坚持把这项活动作为家庭的重要安排，孩子一定会远离网络，投身其中。

树立梦想，点燃热情

对孩子的梦想，很多父母都不以为然，甚至嗤之以鼻。其实，正如马云所说，梦想还是要有的，万一实现了呢。不管孩子拥有怎样的梦想，父母都要表现出极大的兴趣，也要乐于支持和鼓励孩子。如果父母打击孩子，认为孩子的梦想不切实际，不可能实现，那么孩子就会如同泄了气的皮球一样，对很多事情都失去兴趣。

每个孩子都需要梦想。父母不但要支持孩子的梦想，而且要帮助没有梦想的孩子拥有梦想。当孩子怀有梦想，也致力于实现梦想，父母可以把握这个机会，引导孩子认识到唯有通过学习，才能实现梦想。此外，还可以和孩子一起描绘梦想。孩子具有丰富的想象力，当父母和孩子一起想象实现梦想的那一天，甚至一起拿起画笔绘绘梦想，孩子就会觉得自己距离梦想越来越近。对父母而言，如果条件允许，就要大力支持孩子，为孩子提供实现梦想的便利条件。

现实生活中，有些父母没有实现自己的梦想，因而想让孩子成为梦想的继承人，代替自己实现梦想。不得不说，这对孩子而言是极不公平的。孩子不是父母的生命延续，而是独立的生命个体，他们理应拥有属于自己的梦想。父母要尊重孩子的梦想，切勿把自己没有实现的梦想强加于孩子身上。只有真正属于孩子的梦想，才能点燃孩子的热情。

小学三年级刚刚开学，老师邀请同学们自我介绍，既要介绍自己的姓名、年龄，也要介绍自己的梦想。同学们的梦想五花八门、千奇百怪，即便如此，小洋的梦想还是逗得大家哈哈大笑。原来，小洋的梦想是开一家杂货铺。他的理由很简单：杂货铺里什么东西都有，既有好吃的零食，也有好玩的玩具，简直就是孩子的天堂。

在同学们的笑声中，老师对小洋说："小洋，你的梦想特别好，也一定很受小朋友的欢迎。不过，老师建议你把杂货铺开得大一些，多开几家，采取连锁经营的模式，造福更多小朋友，好不好？"小洋重重地点点头。因为得到老师的鼓励，小洋回到家里就在阳台上开起了杂货铺。爸爸妈妈非但没有嘲笑小洋，反而都贡献出一些东西给小洋充门面呢！在老师和爸爸妈妈的鼓励下，小洋非常努力地学习，因为他知道唯有坚持学习，才能实现梦想。

每个小朋友都有梦想，不管梦想是怎样的，都值得尊重。作为父母，既不要把自己的梦想强加于孩子，也不要小瞧孩子的梦想。在父母的支持和鼓励下，孩子很有可能实现梦想、超越梦想呢！

需要注意的是，孩子的心智还没有发育成熟，所以想法很有可能随时发生改变。当孩子的梦想发生变化，父母要抓住机会顺势引导孩子，让孩子树立更为远大的梦想。这么做的前提，是父母一定要尊重孩子的梦想。有些父母听到孩子梦想成为园丁、司机或者清洁工，就会勃然大怒。其实，孩子的梦想不管是成为园丁、司机、清洁工，还是成为教师、医生、工程师和科学家，都是值得尊重的。父母无论如何都不要否定孩子的梦想，否则会打击孩子，令孩子放弃梦想。梦想，对孩子而言就像是成长道路上的明灯，既为孩子们指明了方向，也为孩子们提供源源不断的动力。如果孩子没有梦想，那么父母可以带孩子了解更多的职业，开阔孩子的眼界，让孩子明确未来的发展方向。

陪孩子一起去图书馆

对阅读，很多父母都怀着急功近利的心理，规定孩子只能读自己提供的书，而不能阅读无关学习或者不利于学习的书。这么做的父母陷入了一个误区，即误认为阅读对学习的促进作用是立竿见影的，而没有认识到阅读对孩子的成长起到的作用是润物无声的，也需要漫长时间的积累才能逐渐显现。

期末考试后，学校要求各个班级召开家长会。在家长会上，乐乐妈妈作为优秀学生家长代表发言，分享了很多教育孩子的实用技巧和心得体会。会议刚刚结束，一些家长迫不及待围住班主任询问孩子在学校里的表现和学习情况，还有几个家长则赶紧来到乐乐妈妈身边，向乐乐妈妈求教如何提升孩子的作文水平。原来，开家长会时，语文老师特别点名表扬了乐乐，说乐乐不但基础知识掌握得很扎实，作文水平更是远远超出同龄人。

一个家长急切地问："乐乐妈妈，你家乐乐是不是特别喜欢读优秀作文选啊，要不怎么每次写作文都能被当成范文呢！"乐乐妈妈笑着回答："我家孩子的确喜欢阅读，不过不限于优秀作文选，其实他看优秀作文选是比较少的。"另一位家长费解地问："不看优秀作文选如何提升作文水平呢？看的都是对学习有用的书吧。"乐乐妈妈耐心解释道："其实，我认为培养孩子的阅读兴趣是最重要的,所以我没有限定孩子读的书。只要读的是好书,总能开卷有益。如果在孩子刚刚接触图书时就限定书目,不允许孩子读自己喜欢的书,他们就无法产生阅读兴趣,更无法养成阅读习惯。"乐乐妈妈的一番话,让在场的家长们都陷入了沉思。

这个时候,又有家长问:"听我家孩子说,你家图书特别多,你们是把所有需要读的书都买回家了吗?"乐乐妈妈赶紧摇头,说道:"一则经济实力不允许,二则家里也没有那么多地方放置图书。其实,乐乐大部分是在图书馆里读的。每个周末,我们至少抽出一天时间去图书馆。"家长们不由得啧啧赞叹:"孩子读书时,您也在一边陪伴吗?"乐乐妈妈点点头,说:"我也读我喜欢的书。我们各自读各自的,互相不干扰,吃饭的时候才会合。"

在这个案例中,乐乐之所以擅长写作文,并非是阅读了大量的优秀作文选,而是因为他喜欢阅读,坚持去图书馆,在知识的海洋里遨游。

对学习,很多父母的理解太过狭隘,认为学习只限于书本上的知识,导致孩子对学习的理解过于肤浅。古人云,开卷有益,这句话告诉我们不管阅读哪一本书,只要打开书本开始阅读,就一定会有所收获。当父母尊重孩子的阅读兴趣,不限制孩子阅读的书目,孩子就会接触到更多的知识,见识到更广阔的世界,进而创造出无限的可能性。书籍,是人类精神的食粮,也是人类精神文明的传承,更是大多数普通人最简便易行的学习方式。从现在开始,父母要鼓励孩子阅读,也要和孩子一起坚持去图书馆,畅游在知识的海洋里。和那些只知道学习课本知识的孩子相比,阅读范围广泛、阅读量大的孩子眼界更开阔,思维更深刻,想象力更丰富,更具成长的潜力和优势。

鼓励孩子的小小进步

很多父母每时每刻都盯着孩子的错误,一旦发现孩子某些地方做得不到位或者不够好,或者是犯了错误,马上就会揪着孩子的错误不放。父母的初心固然是好的,即只有为孩子指出错误,孩子才能积极改正。但他们没有想过,当孩子总是被挑剔和苛责,从来得不到认可和鼓励,那么他们就会受到负面评价的影响,形成错误的自我认知,甚至贬低和否定自己,认为自己一无是处。

父母要抓住合适的机会,以恰到好处的方式为孩子指出错误,而在平日里,要侧重于关注孩子的成长和点滴进步,这样才能及时表扬孩子、鼓励孩子。

在表扬孩子时,父母切勿说那些空洞的话,诸如"你真棒""你太厉害了""你是最优秀的"等,让孩子感受到敷衍,并不能起到表扬的作用。具体来说,父母要关注孩子做一些事情的行为和过程。很多父母只看重结果,却对孩子的努力和坚持不以为然。事实证明,哪怕最终没有获得想要的结果,很多孩子也已经拼尽全力,且坚持到最后了。对这样的孩子,父母要激发起他们的自信心,让他们勇敢地面对失败,从失败中汲取经验和教训,再次发起挑战。

娜娜是个特别聪明的女孩,却总是表现得自卑胆怯,缺乏自信。周末,娜娜和几个同学在约定的时间来到安安家里一起写作业。在写作业的过程中,其他孩子都能专注、安静,娜娜却总是请教各种问题。好不容易完成作业,大家都迫不及待地收拾书包,准备大玩一场,娜娜却拿着作业本与安安核对答案,生怕自己做错了。

在玩耍的过程中,孩子们兴致勃勃、滔滔不绝,唯独娜娜始终沉默着。安安妈妈鼓励娜娜勇敢地表达,娜娜却说:"阿姨,我知道得很少,我肯定会说错的。"对娜娜谨小慎微的表现,安安妈妈印象深刻。后来,接安安放学时，安安妈妈认识了娜娜爸爸，这才知道娜娜缺乏自信的原因。在娜娜爸爸的讲述中，娜娜胆小自卑、害羞内向，理解力很差，记忆力也很糟糕，总之，她没有任何值得认可和肯定的地方。听着娜娜爸爸的讲述，安安妈妈发自内心地为娜娜感到悲哀。

现实生活中，很多父母都和娜娜爸爸一样，一边贬低和否定孩子，打击孩子的自信心，一边又抱怨孩子缺乏自信，不够勇敢与果断。父母发现孩子表现得胆小自卑时，一定要先反思自己教育的方式方法是否伤害了孩子的身心健康。

具体来说，父母要想培养出充满自信的孩子，就要坚持做好三点。

首先，切勿总是盯着孩子的错误，而是要更加关注孩子的优势和长处。俗话说，金无足赤，人无完人。每个孩子都既有缺点，也有优点，父母要拥有善于发现的眼睛，看到孩子的闪光点，发现孩子的长处，这样才能鼓励孩子发挥所长，获得长足的发展和成长。

其次，学会赞美孩子。赞美孩子，要真诚用心，赞美不为人知的优点；赞美孩子，要具体详细，这样孩子才会感受到父母的用心；赞美孩子，要及时，而不要等到孩子已经做出某种好的行为之后很久才想起赞美，这样会导致赞美大打折扣。

最后，即使孩子犯了错误，或者没有达到预期的结果，父母也要认可孩子的努力和付出。很多事情并非都能如愿以偿，而会因为各种原因导致事与愿违。父母当然明白这个道理，所以就要更看重孩子努力尝试和突破的过程，而不要只关注孩子取得的结果。例如，孩子最近一段时间都在努力复习，争取考到好成绩，却因为考试前一天感冒发烧，身体状况不佳，成绩有所退步。面对沮丧的孩子，父母一定要认可孩子此前的坚持努力，也要告诉孩子成绩不能代表一切，这样才能提振孩子的信心，让孩子知道哪怕没有取得想要的结果，也依然会因为努力的过程而获得进步。

培养孩子的学习兴趣

　　正如人们常说,兴趣是最好的老师。面对丝毫不感兴趣的事情,孩子往往很难坚持;对自己真心喜爱的事情,哪怕过程是艰难的,且需要付出持久的努力,孩子也依然甘之若饴。父母与其急迫地提升孩子的成绩,不如把目光看得长远一些,致力于培养孩子的学习兴趣,激发孩子学习的内部驱动力。这是一劳永逸的明智之举,当孩子对学习产生兴趣,也充满动力,即使父母不再亦步亦趋地跟着孩子,每时每刻都督促孩子努力,孩子也会主动自发地坚持学习。尤其是当学习上获得进步时,孩子更会获得成就感和满足感。由此,孩子的学习就会进入良性循环。

　　父母要想培养孩子的学习兴趣,只靠着说教的方式告诉孩子学习很重要,关乎前途和命运,是远远不够的,也很难达到良好的效果。父母要从轻松愉快的聊天着手,引导孩子说一说学校里发生的有趣事情,也尽量说一些无关作业的话题。要知道,即使是学霸,也不愿意做大量的作业。因此,营造良好的沟通氛围,避开作业是明智之举。在聊天的过程中,如果孩子始终不愿意打开心扉,父母就要想方设法打消孩子心中的疑虑,消除孩子的戒备心理。如果孩子谈兴大发,父母就要扮演好倾听者的角色,这样才能让孩子敞开心扉,与父母深入沟通。

　　作为父母,马云天和谢娜然无疑是合格的。他们离开大学校园就开始拼搏,只为了给下一代创造更好的成长条件。果然,他们的孩子马波一路绿灯,在最好的幼儿园里度过了三年,之后进入最好的小学,目前正在读三年级。每周,马波都要上三门很重要且很昂贵的才艺辅导课程,一门是钢琴,一门是绘画,一门是萨克斯。面对生活,马云天和谢娜然完全不用关心,因为他们聘请了专业的厨师为马波做一日三餐,还雇用了保姆负责接送。其他孩子写作业时遇到不会的题目只能留着请教老师,马波却可以直接请教专业的家庭教师。

在如此优渥和便利的条件下，马波却越来越厌学，常常偷偷溜出学校逃学，或者找各种借口逃避上学。问题究竟出在哪里呢？眼看着马波的厌学情绪越来越浓，已经严重影响到正常的学习和生活，妈妈不得不带着马波去看心理医生。心理医生经过与马波的沟通得知，马波从未得到父母的关爱，因为父母除了为他提供各种条件外，几乎没有问过他与学校有关的任何事情。心理医生找到了马波厌学的症结所在，强烈建议谢娜然和马云天放缓工作节奏，在马波身上付出更多的时间和精力，也要想办法培养马波的学习兴趣。当然，心理医生也给出了很多切实有效的教育方法和教育技巧。最终，马波答应重返校园。因为拥有了父母的陪伴，感受到校园生活的乐趣，他在学习方面的表现越来越好。

做任何事情，兴趣都不可缺少。对父母而言，如果不懂得如何培养孩子的学习兴趣，不妨在每天接孩子放学时问问孩子学校里发生的趣事，或者是与同学相处时发生的好玩的事情。这些轻松的话题能够消除亲子沟通的障碍，使孩子愿意敞开心扉主动和父母聊起学习，聊起作业。

父母需要牢记的是，不管孩子在学习方面的表现如何，也不管孩子是否按时高质量地完成作业，都不要劈头盖脸地指责和批评孩子，否则就会导致孩子关闭心扉，拒绝沟通。在学习的过程中，每个孩子都会出现各种各样的问题，最重要的是父母尊重孩子、信任孩子，激发孩子的学习力。

不要当孩子的"监工"

太多父母都习惯于当孩子的监工，因为他们对孩子怀有先入为主的偏见，认为孩子拖延成性、偷奸耍滑、投机取巧，所以恨不得每时每刻都盯着孩子写作业，生怕孩子借喝水、上厕所等机会逃避写作业。当父母把自己当作是监工，孩子就会产生如芒在背的感觉。没有人愿意时刻被紧盯着，孩子尤其如此。为此，孩子总是想出各种办法逃避父母的监视，也总是与父母斗智斗勇，针锋相对。

要想改变这样的局面，父母就要重新给自己定位，把自己当成是孩子的朋友，这样才能消除孩子的抵触和抗拒心理。

周末，舅舅来家里做客。爸爸妈妈正在与舅舅寒暄，小飞马上从冰箱里拿出果汁招待舅舅，还主动提出要洗两串葡萄。舅舅知道小飞向来顽皮捣蛋，因而对小飞的表现感到特别费解。这个时候，爸爸说道："小飞，别以为我们不知道你的花招。现在已经是你写作业的时间了，你快去写吧。"

果不其然，小飞开始央求妈妈："妈妈，我玩一会儿就去写作业，我先和舅舅聊会儿天。"妈妈不为所动，小飞继续央求："好妈妈，求求你了，我都一个多月没看到舅舅了。"这个时候，舅舅说道："小飞，你既然想陪舅舅，不如舅舅陪着你一起写作业吧，正好我也有一份紧急的工作需要处理。等到咱们一起完工，爸爸妈妈就把午餐准备好了，我们再一起大快朵颐，好不好？"听到舅舅主动提出要和自己一起写作业，小飞立即答应了。出乎爸爸妈妈的预料，在舅舅的陪伴下，原本需要磨蹭到晚上才能完成的作业，居然提前到午饭前就完成了。后来，舅舅兑现承诺，下午带着小飞去了游乐场。

傍晚，舅舅和小飞玩得尽兴，回到家里，小飞妈妈纳闷地问舅舅："你这个毛头小子还没有孩子呢，怎么就能搞定小飞呢？每次他写作业简直要把我气死。"舅舅笑着说："其实，你也快把小飞气死了。小飞告诉我，你总是和监工一样不停地说他，说得他都烦死了，压根不想写作业，所以他就故意与你对着干，偏偏要拖延。今天，我一直没有催促小飞，只是告诉他如果完成得又快又好，就带他去游乐场玩。"小飞妈妈恍然大悟，说道："我可不能天天允诺他去游乐场玩，但是我可以暂时闭嘴，不当监工。"后来，小飞妈妈学着舅舅的样子，不再监督小飞，而是让小飞自主完成作业。让妈妈惊喜的是，小飞果然提升了写作业的速度，而且把作业完成得非常好。

和成年人工作需要保持专注一样，孩子完成作业也需要专注。偏偏有些父母当监工过于尽职尽责，一会儿给孩子指出错误，一会儿给孩子端来牛奶，一会儿提醒孩子不要玩铅笔，一会儿提醒孩子背诵课文要讲究方式方法，一会儿告诫孩子要保持良好的坐姿，一会儿又督促孩子加快速度……在父母的干扰下，孩子根本无法集中精神全力以赴地完成作业。

其实，父母无须全程陪伴孩子完成作业。只要为孩子营造好安静的环境，就可以离开孩子的身边，让孩子自主地完成作业。有些父母全程监督孩子，始终盯着孩子，反而会激发起孩子的逆反心理，故意与父母对着干。此外，总是寸步不离地监督孩子，不利于培养孩子的独立性和自主性，还会使孩子养成依赖性。一旦父母不在身边，孩子就会偷奸耍滑磨洋工，可见每时每刻监督孩子完成作业是极其糟糕的。

陪伴孩子写作业，父母要摆出与孩子共同奋斗的架势，固然不需要每时每刻盯着孩子，却也不要进行娱乐活动扰乱孩子的心绪。孩子写作业时，父母可以处理一些工作上的事情，或者是看书，这样都能营造出浓郁的学习氛围。当孩子寻求帮助时，父母要耐心地对待孩子，启发孩子的思路，而不要直接告诉孩子正确答案，否则就会助长孩子的惰性。当父母陪着孩子一起攻坚克难，孩子必然受到鼓舞，也不会再觉得孤独。

错题本帮助孩子戒掉粗心

说起孩子的粗心，很多父母都深有感触，尤其是看到孩子的作业本和试卷上鲜艳的叉号时，更是心急如焚。那么，如何做才能帮助孩子改掉粗心的坏习惯呢？与其批评和训斥孩子，不如和孩子一起整理错题本，这样每次复习时就无须翻阅整本书，可以针对错题有的放矢地加强复习。

整理错题本，一定要分门别类，区分不同的错题类型。所谓错题本，可不是简单地抄写错题，而是要写出错误的原因和正确详尽的解题步骤。对那些具有代表性的题型，还要指明思路。

整理错题本，要提高利用率，让错题本物尽其用。有些孩子认为整理错题本就是搞形式主义，因而在抄录错题之后就把错题本放置一旁，不再翻阅。这么做，错题本就被闲置了，如何能发挥重要的作用呢？一定要充分利用错题本，例如，隔三差五看看错题，或者与其他同学交换错题本。当借助于错题本改掉粗心的坏习惯，大幅度提升考试成绩后，孩子就会真正意识到错题本的重要价值，也会把错题本视若珍宝。

升入三年级后，刘军的学习成绩大幅度下降，尤其是复杂的应用题，他更是如坠云雾里，压根没有解题思路。有一次，他因为错了好几道应用题，数学成绩居然不及格。更糟糕的是，前一次考试中做错的题目，刘军后一次考试时又错了，这不仅让父母勃然大怒，也让刘军无法原谅自己。刘军特别害怕自己就此进入差等生的行列。思来想去，刘军决定放大招，找到了正在读六年级的表姐，表姐教给刘军一个好办法，那就是整理错题本。

在表姐的悉心指导下，刘军很快就整理好了错题本。从此之后，他隔三差五就会把错题本拿出来看一看，有的时候还会遮挡答案，反复地做错题。随着越来越熟悉错题本上的题型，刘军在期末考试中成功逆袭，数学成绩从不及格提升到九十分以上，连老师都为他的神速进步感到震惊。后来，老师让刘军分享提升数学成绩的经验，刘军无私地分享了错题本的作用，老师于是号召全班同学都整理错题本。

顾名思义，错题本是整理错题的本子，但又不限于整理错题。一本好的错题本是特别有条理的，不但分门别类地整理各种类型的错题，而且每道错题的每个步骤都有详细的解析，可谓一目了然，一看就懂。

孩子整理错题本，首先要归类错题，收纳那些因为粗心而做错的题目。其次，要收纳那些不完全懂，也无法做到举一反三的题目，这表明孩子对相关知识点的了解不够透彻，所以才会感到似是而非。最后，要收纳那些完全不会的题目，这些题目也许是超出课本范围的，也许是老师从未讲过的。总之，这些题目有一定的难度，也极具代表性，一定要作为重点反复琢磨，加强练习。

错题本是孩子改掉粗心坏习惯的好方法，也是孩子提升学习效率的捷径。每个孩子都需要一本错题本，也都应该把错题本当成是学习的法宝。

第八章
让孩子成为社交达人

孩子进入成长叛逆期，不再像小时候那样总是喜欢黏着父母，当父母的小尾巴。在这个特殊的阶段里，他们更喜欢与同龄人相处，也渴望融入同龄人的团队。随着与同龄人的交往越来越密切，与同龄人之间的矛盾也越来越多。例如，孩子被同龄人欺负了，孩子欺负同龄人，孩子嫉妒同龄人比自己优秀，孩子被同龄人嫉妒，等等。面对这些人际交往的烦恼，大多数孩子都不知道如何面对和解决。这时，父母要帮助孩子度过危机，这样孩子才会成为社交达人，享受友谊的美好。

美食让孩子放松戒备

面对着满腹心事的孩子，父母如果只知道追问，就会导致孩子更加警惕和戒备，而不愿意敞开心扉诉说心事。其实，要想让孩子消除戒备心理，愿意畅所欲言，有一个办法非常简单，那就是利用美食撬开孩子的嘴巴。需要注意的是，请孩子吃美食，一定要满足孩子对美食的喜好和追求，要多多用心准备孩子爱吃的食物。有些父母丝毫不考虑孩子的喜好，只准备自己喜欢吃的东西，可要想借用美食撬开孩子的嘴巴，就一定要以孩子的饮食喜好为准。

需要注意的是，不要在刚刚开始享用美食时就直奔主题。要想与孩子深入交谈，最好等到孩子吃到七八分饱时，再打开话题。这样既不会打扰孩子享用美食，也能把握孩子放松戒备的好时机。从心理学的角度来说，大多数人在餐桌上都是很放松的，不仅孩子会在餐桌上放松戒备，成年人也能敞开心扉。很多销售人员特别热衷于请客户吃饭，也是出于这样的原因。

作为父母，如果知道孩子喜欢吃什么，喜欢怎样的餐厅环境，与孩子的沟通相当于已经成功了一半。

最近，爸爸发现刘烨心事重重，直接询问刘烨有什么烦恼，刘烨总是支支吾吾，不愿意明说。爸爸只好作罢，告诉自己：孩子长大了，有自己的小秘密了，我要尊重孩子。然而，爸爸始终惦记刘烨的烦恼。有一天，爸爸路过必胜客，突然想到刘烨特别喜欢吃比萨，也喜欢吃必胜客的各种小食，所以，爸爸决定几天后请刘烨吃必胜客。

周末，爸爸带着刘烨来到餐厅，让刘烨自己点餐，想吃什么就吃什么。刘烨很开心，接连夸爸爸大方。等到餐品上桌，刘烨大快朵颐，爸爸则笑着看刘烨吃。很快，刘烨就吃到七八分饱了。这个时候，不等爸爸询问，刘烨主动说道："爸爸，我特别讨厌我们班的班长，因为他带着很多同学疏远我。"说着，刘烨拿起果茶喝了一大口，继续说道："都是因为班长从中作祟，所以我才变成了孤家寡人。每到课间，我只能看着其他同学玩，没人愿意和我一起玩……"刘烨说着说着，声音越来越小，爸爸特别心疼刘烨，摸了摸刘烨的脑袋，又拍了拍刘烨的肩膀。

就这样，爸爸知道了刘烨郁郁寡欢的原因，对刘烨进行了心理疏导，也把相关情况告诉了老师。在老师的教育教导下，班长意识到自己的错误，主动向刘烨道歉。刘烨也和爸爸一起分析了自己不受欢迎的原因，认识到自己争强好胜的性格很不讨人喜欢，并渐渐地做出了改变。与此同时，爸爸还教刘烨学会与不同的人相处，看到每个人身上的优点和缺点，也多多理解和包容他人。最终，刘烨和班长成为好朋友，相处得非常愉快。

在这个案例中，爸爸的做法是很明智的。他觉察到刘烨情绪的异常，没有紧紧追问，而是借着请刘烨吃必胜客的机会，让刘烨吐露心声。借此机会，爸爸了解了刘烨苦恼的原因，从而有针对性地帮助刘烨解决问题。

以美食撬开孩子的嘴巴，切勿只追求高档美食，而要用心了解孩子的喜好。只有在放松的环境里，吃着喜爱的美食，孩子才会敞开心扉，无所不谈。此外，父母也可以说说自己小时候与小伙伴相处的事情，调节气氛，让孩子放松。

教会孩子说话

有些孩子因为性格原因，无法顺利融入同龄人的交往圈子。对这些孩子，父母应该多多鼓励，教会他们如何与人相处，如何与人沟通。对处于成长叛逆期的孩子而言，哪怕父母怀着一颗童心，时刻陪伴在他们的身边，也无法取代同龄人在他们心目中的重要地位。通过与同龄人交往，孩子还能学习很多知识与技能，心智快速发育成熟。

大金是个很内向的男孩，有些害羞，有些胆怯。因为爸爸工作调动，所以全家人搬到了这座陌生的城市，大金也只能转学到现在的学校。然而，迄今为止，已经转学来一年多了，他依然没有结交到朋友。有的时候，妈妈陪伴大金一起参加学校里的亲子活动，看到很多孩子叽叽喳喳说得热闹，大金却坐在一旁一语不发，妈妈不由得感到担心。心急之余，妈妈忍不住催促大金："大金，你不是最喜欢讲故事吗？要不，你讲个故事给大家听，好不好？"听到妈妈的提议，大金露出胆怯的神情，连身体都忍不住往后缩了缩。妈妈有些恼火，带着情绪训斥大金："你这个孩子也不知道怎么了，以前像个话痨，现在像个哑巴。"妈妈越说，大金越是退缩。

在这个案例中，大金在转学之后性情大变，是因为他突然离开熟悉的校园、老师和同学，来到陌生的城市，置身于陌生人之间，所以无法像以前一样放开自己。作为父母，要帮助孩子度过艰难的适应期，先要了解孩子进入新校园面对的诸多困难，这样才能有针对性地帮助孩子。必要的情况下，父母还可以积极地参加班级活动，结识更多的家长，从而为孩子创造与小伙伴相处的机会。相信只要坚持，就能鼓励孩子变得自信勇敢，也能为孩子打开融入同龄人的大门。

对那些不能迅速融入同龄人圈子里的孩子，父母一定要多多鼓励，切勿指责和抱怨孩子。就像案例中的大金，明明是因为跟随父亲调动工作转学到新学校，才变得越来越闭塞。其实，要想让孩子学会沟通，父母首先要赢得孩子的信任，与孩子建立良好的亲子关系，鼓励孩子对自己敞开心扉，诉说心声。在与孩子沟通的过程中，父母要正面肯定孩子，把握机会赞美孩子。随着与父母的沟通越来越顺畅，孩子就能获得信心，更愿意与人交往。

此外，在教育孩子的过程中，父母除了要注重培养孩子优秀的品质之外，还要教会孩子说话。说话是有技巧的，当孩子学会与人搭讪，学会赞美他人，学会与他人拉近距离，也就不会畏惧与人交谈了。

当然，巧妇难为无米之炊。有些孩子眼界开阔，知识面广，不管与谁沟通，都能找到合适的话题，无论走到哪里都受欢迎，有的时候还能结识忘年交。有些孩子则特别闭塞，懂得的知识很少，与同龄人沟通缺少话题，不能产生共鸣，所以很难融入同龄人的圈子。为了改善这种局面，父母要鼓励孩子坚持阅读，也要经常抽出时间陪伴孩子游览祖国的大好河山，开阔孩子的眼界。总之，读万卷书，行万里路。在生命的历程中，孩子总要多多经历一些事情，才能拥有充实的心灵，打造精彩的人生。

当孩子不喜欢老师

进入小学中高年级，孩子的向师性明显减弱。在小学中低年级阶段，孩子特别崇拜老师。在他们的心目中，老师的权威性比父母更高。然而，随着自我意识越来越强，他们开始对老师怀着批判的想法，也会有意识地判断老师讲的道理是正确的还是错误的。

在这样的批判性态度中，有些孩子对某些老师的看法改变了，越来越不喜欢老师。父母如果没有确定老师有原则性问题，就不要顺从孩子说老师的坏话。在校园生活中，对不喜欢的老师，孩子往往会刻意疏远，自然也就不会喜欢老师讲授的课程，由此导致与老师的关系进入恶性循环——相看两厌。毫无疑问，对喜欢的老师，他们则会有意亲近，在课堂上表现得很好，由此使自己与老师的关系开始良性循环——心生欢喜。

当孩子表现出对某位老师的不满，或者公然表示讨厌某位老师时，父母一定要维护老师，多多认可和赞美老师，这样才能及时改变孩子对老师的错误看法，也使孩子更亲近老师。

具体来说，父母可以采取四个措施帮助孩子。

首先，鼓励孩子多多去办公室拜访老师，向老师请教不懂的问题。在学习的过程中，每个孩子都可能遇到不理解的知识点，或是凭着自己的能力无法解决的难题。每当这时，孩子一定要积极地向老师求教，老师都特别喜欢勤学好问的学生。随着与老师的沟通越来越顺畅，关系越来越亲近，孩子在课堂上的表现就会特别积极主动，也能学好课程。

其次，告诉孩子金无足赤，人无完人。在很多孩子的心目中，老师是无所不能的神，所以一旦发现老师只是凡夫俗子，也有各种缺点和不足，就会大失所望。父母当然知道老师是有血有肉的人，也有独特的脾气秉性，因而要引导孩子以宽容心对待老师，理解老师的言行举止。

再次，孩子不可能喜欢自己遇到的每一位老师，因而要修炼自身的宽容心，以广阔的胸怀接纳不同的老师。在小学阶段，很多孩子都会出现念念不忘某个老师，而怎么也不喜欢新来的老师的情况。在这个世界上，没有人会喜欢自己遇到的所有人，也没有人能够赢得所有人的喜爱。因此，要学会接纳不同的老师。

最后，私底下与老师加深来往，这样能够帮助孩子全方位地了解老师。老师是人，不是神仙。孩子唯有认识到这一点，才不会继续对老师要求苛刻。作为父母，完全可以借助于各种渠道拉近与老师的关系，从而给孩子提供机会，促使孩子与老师更频繁地互动。相信随着对老师的了解越来越深，孩子总能发现老师的闪光点，挖掘出老师的可爱之处。

拔掉孩子心中的嫉妒之草

人人都有嫉妒心，会情不自禁地与他人比较。但是，没有人喜欢被拿来比较，哪怕是孩子，也不愿意被父母与其他孩子放在一起比较。偏偏很多父母喜欢把别人家的孩子挂在嘴边，不是说别人家的孩子懂礼貌，就是说别人家的孩子学习好，或者说别人家的孩子感恩父母。总而言之，在父母的口中，自己家的孩子无论如何也比不上别人家的孩子。当父母总是以别人家的孩子贬低自己家的孩子，就会发现自己家的孩子非但不会奋发图强，反而有可能因为嫉妒而对别人家的孩子怀恨在心。明智的父母从不横向比较孩子，更不会以自己家孩子的劣势与别人家孩子的优势比较，而是坚持纵向比较，这样才能看到孩子的努力和进步，也能在第一时间认可和鼓励孩子。

傍晚时分，妈妈接西西放学，和西西一起走在夕阳下的路上。在夕阳的照射下，她们的影子投射在小路上，又细又长。突然，西西出了一道题，说："妈妈，我这次的数学单元测验又考了满分，我简直太开心了。但是，我的同桌兼邻居然然很不开心，还恶狠狠地瞪了我好几眼呢。请问，你知道然然的心理阴影面积是多大吗？"看着西西得意的样子，妈妈沉思片刻说道："西西，每个人都有优势，也有劣势。你的优势是理解力和记忆力都很强，所以对新知识掌握得很好。然然的优势是语文学科，每次作文都会被作为范文读给全班同学听，还发表了好几篇文章呢！所以啊，一到语文考试，我要求的不是然然的心理阴影面积，而是你的心理阴影面积！"

妈妈的话说到了西西的心坎里，她忍不住叹了口气说道："哎呀，我也不知道是怎么长的，脑子只适合学数学，不适合学语文。要是把然然的语文脑子和我的数学脑子结合起来就好了，我一定能所向披靡。一说起然然的语文成绩，我心里就像撒了一把盐。"妈妈笑着问西西："看来，你是嫉妒然然了。那么，嫉妒是怎样的感觉呢？"西西认真思考片刻，说道："百爪挠心，心里就像长了草，恨不得当即暴揍对方一顿……总之，很难受。"后来，妈妈帮助西西分析了学习的优势和劣势，也告诉西西要学习他人的长处以弥补自己的短处。

在这个案例中，面对着得意洋洋的西西，妈妈及时地引导西西说出对然然的嫉妒之情，从而帮助西西端正态度以面对自己的优势与劣势，也积极地向同学学习。从本质上说，嫉妒是人之常情，尤其是在校园里，同学之间常常竞争，所以更容易对同学产生嫉妒。

古人云，凡事皆有度，过犹不及。适度的嫉妒能够激励孩子，让孩子发挥潜能，突飞猛进，但是过度的嫉妒会扰乱孩子的心绪，打乱孩子生活和学习的节奏，非但不利于促使孩子奋发图强，还会让孩子自暴自弃，甚至被嫉妒驱使做出伤害他人的行为。父母切勿任由孩子嫉妒泛滥，否则就会影响孩子的人格发展。为了帮助孩子缓解嫉妒心，父母要坚持做到三点。

首先，不要总是比较自己家的孩子与别人家的孩子，要引导孩子针对事情本身做出判断和评价。大多数有嫉妒心的孩子都特别要强，有上进心，也不愿意认输。父母要引导孩子把力气用在提升自身上，而不要任由妒火中烧。

其次，倾听孩子嫉妒的感受，教会孩子把嫉妒转化为积极向上的力量。在亲子沟通中，父母一定要扮演好倾听者的角色，也要给予孩子积极的回应。唯有如此，孩子才能及时宣泄负面情绪，化嫉妒为力量，得到长足的进步和发展。

最后，父母要以身示范，用实际行动帮助孩子消除嫉妒。父母是孩子的第一任老师，也是孩子最好的榜样，父母的言行举止会在无形中影响孩子。为了帮助孩子消除嫉妒心，父母要有大格局，切勿当着孩子的面斤斤计较。当父母表现得宽容豁达，孩子就会在潜移默化中受到影响，模仿父母的样子为人处世。

多子女家庭的平衡之道

在正面管教系列丛书中，作者提出，哪怕在同一个家庭，拥有相同的父母，孩子也会因为不同的出生顺序而面临不同的家庭环境。随着二孩政策的放开，很多家庭都迎来了二孩，有些家庭甚至有三四个孩子。那么，在多子女家庭里，如何维持平衡，让每一个孩子都深切感受到父母的爱，彼此之间友好相处呢？

首先，父母一定要保持中立，切勿偏袒任何一方，否则原本简单的兄弟姐妹之间的矛盾就会升级，愈演愈烈。在没有查明真相之前，父母最好谨言慎行，让每个孩子都回到自己的房间里恢复冷静，直到决定休战。在此过程中，如非必要，父母一定不要参与孩子之间的矛盾，这样才能减少孩子闹矛盾的频率，也才能避免矛盾升级。

其次，在一切类型的人际相处中，关系都是基础。父母与其充当孩子之间的矛盾救火员和协调员，不如防患于未然，提前想办法增进孩子之间的感情。例如，可以设计一些家庭成员共同参与的游戏，让兄弟姐妹的关系更加融洽，感情更加深厚。此外，哪怕明知道孩子结成同盟来糊弄父母，父母也不要挑明，而是假装不知情，因为一个小小的错误远远不如兄弟姐妹之间的深情重要。

再次，二孩出生，父母要更加关注大孩。在绝大部分二孩家庭里，随着二孩的出生，大孩受到的关注越来越少。又因为父母总是偏袒弟弟或者妹妹，大孩心里就更加不平衡，所以对弟弟或者妹妹心生怨恨。

其实，在二孩家庭里，父母不能因为二孩年幼就偏袒二孩，反而要认识到一个现实情况：随着二孩出生，大孩原本作为家庭唯一的孩子地位被撼动。父母难免要付出更多时间和精力照顾二孩，这使得大孩感到失落，也觉得被忽略。相比起大孩，二孩还是懵懂无知的，他从一出生就有哥哥或者姐姐，因而不需要面对家庭结构的改变带来的诸多烦恼。从这个意义上说，二孩家庭的父母一定要关爱大孩，不要因为二孩就减少对大孩的关注。不管面对什么事情，都要把大孩放在首位，这样大孩才会和父母一样欢迎二孩的降生。

最后，作壁上观，任由孩子以自己的方式解决问题。亲生的兄弟姐妹血浓于水，哪怕打打闹闹，也很快就会消除隔阂，和好如初。对孩子之间的矛盾和纷争，父母与其介入，不如作壁上观，切记不要偏袒年幼的孩子，否则就会招致大孩更加不满，对二孩心生憎恨。有一位名人曾经说过，父母的不公是导致兄弟姐妹失和的根本原因，所以在计划多生孩子之初，就要考虑到孩子之间的相处，也要明确作为父母必须坚持的原则。

总之，在多子女家庭里，家庭成员的关系更加复杂，要想营造和谐的家庭氛围，创建稳定的家庭结构，父母的确需要煞费苦心。俗话说，手心手背都是肉，十个指头个个疼。在多子女家庭里，父母对孩子的爱是可以重叠的。对每个孩子而言，父母的爱都是完整的、无私的、深沉的。也唯有真心爱着每一个孩子的父母，才能维持多子女家庭的平衡。

第三篇

12~18岁青春叛逆期

青春期，是人生中最大的叛逆期。通常情况下，女孩大概11岁就进入青春叛逆期，男孩大概13岁进入。这是因为男孩与女孩的身心发展进程不同。在青春期，很多父母都面临着巨大的挑战，不知道如何与青春期孩子沟通，不知道如何平息青春期孩子的叛逆，更不知道怎样改变青春期孩子固执的想法。其实，青春期未必是叛逆期，只要了解孩子的身心发展特点，做到有的放矢地与孩子相处，就能帮助孩子平稳度过青春期。

第九章
学习从来不是一件容易的事情

不管对处于哪个年龄阶段的人来说，学习都是一件艰难的事情，一点儿也不容易。随着社会的快速发展，知识更新的速度越来越快，无论学习多少知识都不可能受用一生，最重要的是掌握学习的方法和技巧，这样才能以学习的状态从容应对变化的时代。

作业越来越多怎么办

十二岁，孩子进入初中学习，由此拉开了初高中学习的序幕。和小学阶段的学习相比，初高中阶段截然不同，不但学习任务更加繁重，学习节奏更加紧张，而且作业也铺天盖地而来，变得越来越多。

对很多孩子而言，写作业是难题。在小学阶段，很多父母都崇尚素质教育，常常利用假期带着孩子游山玩水，还安排孩子在周末上各种兴趣班，唯独忽略了提升孩子写作业的能力，导致孩子进入初中阶段后不能在规定时间内保质保量地完成作业。从某种意义上说，写作业的确是一种能力。面对同样的作业任务，有的孩子只需要一个半小时就能完成，有的孩子却需要三个小时。由此，孩子正常的作息受到影响，因为不能得到充分的休息，第二天上课也总会哈欠连天、精神倦怠，导致学习效果大打折扣。

就算是学霸，也不喜欢写大量的作业。然而，父母偏偏不理解孩子对作业的抵触，反而告诫孩子："你是学生，写作业是你的分内之事，不要抱怨。"这样的话常常引起孩子的反感。作为父母，更重要的是探究孩子不想写作业的根本原因，这样才能有的放矢地解决问题。对想写作业却效率低下的孩子，父母要帮助他们一起寻找提升效率的好方法。例如，有些孩子写作业三心二意，一会儿玩玩具，一会儿吃零食，一会儿看小说。对这样的孩子，应该要求他们在正式开始写作业之前做好充分准备，一旦开始写作业就要全心投入，保持专注。有些孩子写作业速度慢，是因为没有掌握课堂上的新知识，因而无法运用新知识解决问题，父母则可以帮助孩子梳理知识，透彻讲解相关的知识点，这样孩子才能顺利完成作业。还有些孩子喜欢玩手机，常常趁着父母不注意偷玩手机，那么父母就要把手机放到远离孩子的地方，帮助孩子克服手机的诱惑。总之，每个孩子不想写作业或者拖延完成作业都是有原因的，唯有找到根本性的原因，父母才能对症下药帮助孩子。

青春期孩子越来越爱面子，从本心上说，他们很愿意保质保量地完成作业，这样至少不会被老师批评。因此，父母切勿指责孩子故意不完成作业，避免与孩子站在对立面，而是要以朋友的身份与孩子平等地沟通，以真诚打动孩子，让孩子愿意敞开心扉说出真实的原因。以此为前提，父母还可以把学习经验和技巧分享给孩子，说不定大受孩子的欢迎呢！

作弊是品质问题吗

在学校里，几乎每次考试都会有学生尝试以非常规手段提升成绩。对处于青春期的孩子而言，他们并非不知道铤而走险的后果，却依然冒险这么做，究竟是为什么呢？他们之中，有些人把分数看得特别重，想要考取好成绩以与其他同学一较高低；有些人则是因为受到父母的压力，不得不想方设法多考几分以搪塞父母。尽管青春期孩子的心智快速发育，他们仍在很大程度上依赖父母，所以父母如果唯分数论，就会对孩子造成很大的负面影响。父母一定要告诉孩子，自己爱的是孩子本身，而不是孩子考取的分数，所以不管孩子考多少分，自己都依然爱他。这种爱的表白能够给予孩子安全感，让孩子正确地对待分数。

很多父母和老师都不明白，孩子明知道作弊一旦暴露，将会导致极其严重的后果，为何还要铤而走险。其实，面对明知作弊不可取却依然作弊的孩子，父母不要急于批评和指责，而是要理解孩子为何选择这么做。对孩子而言，从六周岁进入小学一年级开始，在未来长达十几年的时间里，他们都要在校园里学习，可见学习的道路是漫长的。相比起持久的学习历程，分数则只能代表某个阶段的学习成果，而不能代表未来的发展。为此，唯有端正心态对待考试、对待分数，孩子才能形成正确的价值观，更看重学习的过程，而不只看重分数。

看到这里，也许有些父母会说："我们的确不想只以分数论英雄，可不管是小升初，还是初升高，尤其是高考，都以分数作为最重要的甚至是唯一的评判标准。如果孩子不能考取高分，将来如何通过这些选拔性的考试，进入理想的学校呢？"的确，父母的担忧不无道理。虽然很多人都诟病高考制度，可高考制度无疑是迄今为止最公平的考试。现代社会中，随着研究生扩招，提升学历的方式越来越多，很多用人单位依然特别看重应届毕业生的第一学历，恰恰也是因为高考的公平性。然而，父母还需要知道的是，孩子在学习方面的天赋是不同的。有些孩子天生适合学习，有些孩子则天生不是学习的材料。虽然这两种类型的孩子都很少，但不能否认他们的存在。因此，父母首先需要明确的是，自己家的孩子是否适合走学习的道路成才。如果孩子拥有学习的天赋，父母当然要大力支持孩子，为孩子创造良好的学习条件；如果孩子并不擅长，父母也无须灰心丧气，而是要发现孩子的优势和特长，从而将孩子培养成与众不同的人才。西方有句谚语，条条大路通罗马。这句话告诉我们，为了抵达罗马，可以选择的道路有很多，既然如此，就不要拘泥于一条特定的道路。人生是漫长的旅程，对孩子而言，最重要的是拥有健康的身心，培养积极乐观、努力向上的精神。

在这次月考中，艾米考数学时作弊被抓了个现行。她被班主任带到办公室，原本以为等待着她的必然是劈头盖脸一通数落，没想到班主任温和地问道："艾米，我想你作弊肯定是有原因的吧！你可以把原因告诉我吗？"艾米难以置信地看着班主任，班主任继续说道："艾米，我从初一就开始教你，我很清楚你是怎样的孩子。这是你第一次作弊，老师相信你有难言之隐，老师也很愿意听你说。"

在老师和颜悦色的劝说中，艾米忍不住哭起来，说："老师，我妈妈生病了，我想让她高兴。医生说，我妈妈可能活不到我考高中的时候了，可我妈妈一直很期望我能考上重点高中。我想让妈妈看到，我的确有很大的进步，我距离重点高中越来越近了。"老师震惊地看着艾米，没有想到艾米居然是因为妈妈生病而作弊。后来，在老师的协调下，学校撤销了对艾米的处罚。不过，老师也告诉艾米："艾米，分数只能代表一段时间的学习成果，不能代表长久和未来。我想，妈妈固然想看到你的好成绩，更想看到你长大了，哪怕面临逆境也能坚持到底。你说呢？"在老师的帮助和鼓励下，艾米加倍努力，在两个月之后的期末考试中，位列班级第三、年级前十。妈妈欣慰极了。

不管是老师还是父母，一定要找到孩子作弊的原因。沟通要以尊重孩子为前提，切勿声色俱厉，否则就会使孩子关闭心扉。孩子作弊的原因各种各样，要想从根源上杜绝孩子作弊的念头，就要端正孩子对待学习和考试的态度。

面对作弊的孩子，一定要用合适的方式责罚和奖励，这样才能避免孩子过于看重或者太过看轻成绩。青春期孩子虽然越来越成熟，但是思想和观点还有些片面，所以父母要引导孩子，告诉孩子学习的过程比学习的结果更重要，也告诉孩子品行比成绩更重要。有些孩子形成了错误的观念，认为必须用成绩回报父母，因而不择一切手段想要获得好成绩。其实，父母对孩子的爱是无私的。父母不要培养孩子对自己的亏欠心理，这样孩子才能坦然享受父母的关爱与照顾。与此同时，父母还要帮助孩子抵御作弊的心理诱惑。在漫长的人生道路上，孩子还会面临很多诱惑，诸如机会的诱惑、利益的诱惑，等等，父母恰恰应该提前教育孩子，这对孩子未来的人生是极有好处的。

当然，父母要认可孩子提升成绩的想法，也可以教孩子很多学习的技巧和方法。当孩子能够通过正常的途径努力提升成绩，就会获得成就感和满足感，从而在学习上步入良性循环状态。总之，作弊不一定是品质问题，而是孩子在权衡利弊之后做出的选择。青春期孩子的可塑性很强，父母要找到孩子作弊的根本原因，才能从根源上消除孩子作弊的思想倾向，也才能帮助孩子有效提升学习成绩。

培养孩子的自学能力

学习，不只是孩子需要做的事情，大学生在离开大学校园之后就会发现，哪怕步入岗位开始工作，也仍然需要坚持学习新的知识和技能，这样才能适应飞速发展的社会，满足岗位对人才的需求。

这意味着孩子不管在学校期间学习了多少知识，都不能受用终身，特别是现代社会知识更新的速度很快，大学生刚刚毕业就会发现所学的大部分知识已经过时了，所以培养孩子的学习能力就成为以不变应万变的法宝。

作为乖乖女，楠楠一直很听父母的话。在升入初二之前，楠楠一直遵循父母制订的学习计划表和时间表，按部就班地完成所有的学习任务。她很清楚，父母都是学霸，毕业于名牌大学，在学习上给她的指导都是经验之谈。让父母感到欣慰的是，楠楠的成绩在班级里始终名列前茅。

升入初二，楠楠觉得学习难度越来越大，很担心学习成绩会出现波动。偏偏在这个关键时刻，妈妈因为阑尾炎并发症住院了，爸爸只能请假陪伴妈妈。楠楠独自一人留在家里，爸爸妈妈临走之前千叮咛万嘱咐，不要落下学习。一个月后，爸爸妈妈回家了，迎接他们的却是楠楠一落千丈的月考成绩和乱七八糟的家庭作业。妈妈很纳闷：我和爸爸在家时，楠楠作业做得很多，考试成绩也一直领先，怎么就在医院住了一个月，她的学习就变成这样了呢？

在这个案例中，楠楠之所以能保持优秀的成绩，恰恰是因为遵从父母的指导和建议。换而言之，楠楠对学习从未发挥过主动性，只是在服从父母的安排和指令而已。很多孩子的情况和楠楠的情况类似，即他们只能在父母的监督和指导下完成学习任务，一旦父母有事情不能继续监督和指导，他们马上就会原形毕露。这样的孩子对学习缺乏主动性，也缺乏自控力，所以不能独立自主地完成相关任务。简而言之，他们不具备自学能力，也不具备管自己的能力。

什么是自学能力呢？所谓自学能力，指的是在没有老师讲述知识，也没有其他人辅助的情况下，自己坚持学习的能力。如今，很多父母只顾着提升孩子的学习成绩，给孩子报名参加各种各样的课外辅导班，还牺牲夜晚的休闲娱乐时间看着孩子写作业，却忽略了培养孩子的自学能力。古人云，授人以鱼不如授人以渔。成绩，就是鱼；自学能力，就是渔。孩子想要"鱼"，只有掌握"渔"，才能有所收获。反之，如果父母只是给孩子"鱼"，那么一旦父母老迈，失去供养孩子的能力，孩子很可能因为不懂得如何"渔"而活活饿死。俗话说，父母之爱子，则为之计深远，真正明智的父母会教给"渔"，而不会只盯着孩子眼前有多少"鱼"。

孩子并非天生就有自学能力，父母必须付出足够的耐心，也付出更多的时间和精力，才能循序渐进地培养孩子的自学能力。毫无疑问，和在短期内采取一定的方式方法帮助孩子提升成绩相比，培养孩子的自学能力是更难的，却是一劳永逸的。当青春期的孩子学会自学，即便长大成人步入社会，也依然会因此受益。

具体来说，父母要做到四点，才能培养孩子的自学能力。

首先，要激发孩子的学习兴趣。兴趣是最好的老师，孩子只有对学习感兴趣，充满热情，才能坚持走学习的道路。父母要多多认可和鼓励孩子深入钻研擅长的学习领域，以此带动其他非擅长科目的学习。在日常生活中，父母还要鼓励孩子深入思考，多提问题，启迪孩子的思路，帮助孩子形成发散性思维。

其次，父母要有意识地培养孩子独立思考的能力。很多孩子不管做什么事情都依赖父母,父母则因为没有时间或者缺乏耐心而直接代替孩子解决问题,长此以往,孩子的独立性就会变得越来越差。随着孩子自身的能力不断增强,父母要学会对孩子放手,引导孩子独立思考,也引导孩子坚持深入探索。

再次,父母要坚持认可和鼓励孩子。青春期孩子看似迫不及待想要远离父母,表现出独立性和自主性,其实内心深处仍然非常看重父母的评价。每当看到孩子有了小小的进步,获得小小的成就,父母一定要及时认可和鼓励,从而培养孩子的自信心。此外,父母的认可和鼓励也有助于孩子形成积极的自我评价,对孩子起到强大的心理暗示作用。

最后,支持孩子结交更多的小伙伴,也激励孩子与小伙伴开展良性竞争,既通力合作提升学习,又你追我赶激发潜能。在与小伙伴共同学习的过程中,孩子将会从小伙伴身上学到很多技能,也会通过旁观小伙伴的经历而有所感悟,有所收获。

学习要全面发展

进入初高中阶段,很多孩子的偏科现象越来越严重。对孩子的偏科,父母难免会担心,毕竟严重偏科会影响整体成绩,也挫败孩子的自信心。那么,孩子为何会偏科呢?有些孩子之所以偏科,是因为不擅长该学科的学习,例如,记忆力差,很难记住语文学科大量的知识点;缺乏想象力,不擅长写作文,导致语文成绩总是很糟糕;缺乏逻辑思维能力,对数学难题没有解题思路;不擅长立体思维,学习立体几何时特别艰难;语感不好,哪怕费了九牛二虎之力学习英语,也还是垫底,等等。

不管孩子因为什么偏科,当某一门或者某几门学科的成绩处于严重的劣势状态时,孩子的整体成绩都会被拉低,孩子的学习自信心也会受到损害。

第九章 学习从来不是一件容易的事情

萱萱在学习上偏科严重,她特别喜欢语文,尤其害怕数学。进入初中后,因为数学成绩糟糕,所以她的物理成绩和化学成绩也很差。每次考试,看到萱萱的语文成绩名列前茅,而数理化成绩则处于倒数,妈妈都心急如焚。为了帮助萱萱提升理科成绩,妈妈特意聘请了家庭教师,负责给萱萱补习数学。然而,萱萱上了一段时间一对一的数学课,数学成绩依然没有起色。私底下,家庭老师告诉萱萱妈妈:"萱萱天生就是语文脑子,不太擅长抽象化思维。等到高中,还是要让她选择文科吧,否则整个高中会特别痛苦。"

然而,初中是不分文理科的,这意味着萱萱必须提升数理化的成绩,才能考上重点高中,也才会面临后续的分科问题。

进入初中阶段的学习,很多孩子都面临着和萱萱一样的苦恼,他们某些学科的成绩特别优异,而某些学科的成绩则连及格都达不到。正如萱萱妈妈所担忧的,初中学习不分文理科,所以萱萱必须提升数理化的成绩才能考上好高中,这一点毋庸置疑。

面对偏科的孩子,父母首先必须查明孩子偏科的原因,才能有的放矢地帮助孩子提升劣势学科的学习。

通常情况下,孩子偏科不外乎两个原因。第一个原因,缺乏学习兴趣。常言道,兴趣是最好的老师。孩子要想学好一门学科,必须对这门学科产生兴趣。这是因为孩子还不像成年人那样理性,也没有超强的自控力,所以常常跟随内心的感受,付出更多时间和精力学习自己感兴趣的学科。反之,对不感兴趣的学科,则越来越疏远。当孩子长期处于这样的状态之中,某些学科就会学得特别好,某些学科则学得特别差。对学得好的学科,他们获得了成就感,受到鼓舞和激励,因而学得更好;对学得不好的学科,他们越来越不喜欢,甚至感到厌恶,备受打击,因而学得更糟糕。

需要注意的是,孩子并非天生就喜欢或者厌烦某些学科。之所以会区别对待不同的学科,很可能是因为在不同学科的学习中受到了打击。因此,父母要密切关注孩子的学习情况，一旦意识到孩子对某门学科心生抵触，就要当即引导孩子端正学习的态度，也可以教孩子学习的方法，从而助力孩子渡过难关。

第二个原因，喜欢或者讨厌某门学科的老师。在校园生活中，孩子喜欢哪个老师，就会花大力气学习该老师教授的课程；讨厌哪个老师，就会刻意疏远该老师，且在该老师的课堂上开小差，不愿意学习该老师教授的课程。有些父母很不理解，作为学生，怎么还会喜欢或者讨厌老师呢？其实，成年人都很清楚一个道理，即我们不可能喜欢自己遇到的所有人，孩子也是如此。教师的职业尽管神圣，但并不意味着每个教师都是毫无缺点的。教师也是普普通通、有血有肉、有好有恶的人。在教育教学的过程中，老师不可能绝对公平公正地对待所有孩子，也不可能完全消除情绪的影响，始终保持理性客观地对待所有孩子，这意味着老师很可能特别喜欢某个孩子，也很可能因为个人原因而不爱某些孩子，此外，老师还很有可能受到情绪的影响而冲动地挖苦、讽刺孩子，甚至是惩罚孩子。这些行为都会给孩子留下不好的印象，使孩子对老师产生成见。

家有初中生孩子，当发现孩子对某个老师怀有抵触心理或者做出负面评价时，父母一定要及时引导孩子，让孩子更加理解和尊重老师。唯有与老师建立良好的关系，孩子才会产生强烈的向师性，也才愿意学习老师讲授的课程。

除了上述两个原因外，还有些孩子厌学的原因是父母给予的压力太大。父母要知道，学习是循序渐进的过程，因而切勿心急，也不要对孩子提出过高的、无法实现的目标和要求。在漫长的人生旅程中，父母只能陪伴孩子一程，与其只盯着孩子的学习和成绩，不如侧重于培养孩子强大的内心和永不屈服的精神。当充满蓬勃向上的生命力，孩子也就拥有力量应对各种状况，度过各种困境。

孩子为何爱发呆

自从多多上了初中,妈妈好几次接到老师的"告状"电话。原来,多多上课听讲的状态很不好,总是发呆,课间不喜欢活动,作业拖延磨蹭,马马虎虎。为了提醒多多集中精神,老师会故意提问多多,但是多多站起来一头雾水,压根不知道老师讲到哪里了。有时候,老师叫了好几声,多多都不知道老师在叫他,简直"神游物外"。

从第一次接到老师的电话起,妈妈几乎每天早晨都提醒多多上课要认真听讲,而且反复向多多强调不认真听讲的负面作用。但是,多多对妈妈的千叮咛万嘱咐无动于衷,依然故我。

案例中,多多的状态叫发呆。很多初中生都曾经在课堂上发过呆,偶尔为之情有可原,如果经常发呆,不能专注听讲,就会对学习造成严重的负面影响。毕竟教师传授新知识主要依靠课堂的40分钟。更糟糕的是,很多孩子压根没有意识到自己在发呆,就这样迷迷糊糊度过了一整节课。

从心理学的角度来说,发呆属于一种应激反应,能够帮助大脑调节外界事物。在非上课时段,孩子发呆无可厚非,反而能够缓解疲劳,让大脑以放空的方式得到充分休息。但是,如果在课堂上发呆,孩子就会错过讲授的重要内容。众所周知,在学校里,老师只会讲授一次新课,此后只根据学生完成相关练习的情况决定是否再次强调某些重要的知识点。因此,一旦错过新课的学习,很有可能会导致整个学习体系出现无法弥补的漏洞。可想而知,如果考试时恰好遇到相关的知识点,孩子就无法做出正确解答。

对自控力强的成年人而言,发呆可以作为调节和休息的方式。但是,和成年人相比,青春期孩子缺乏自控力,一发呆就会出现注意力涣散的情况,既影响学习,又导致各种心理问题。因此,当得知孩子喜欢发呆,父母切勿轻视,而是要当即采取有效措施干预。

青春期孩子发呆的表现多种多样,例如,心事重重、马虎粗心、效率低下、频繁犯错、精神萎靡不振、想入非非、磨蹭拖延、有始无终、三心二意，等等。父母一旦看到孩子出现类似的症状，确定孩子无法保持专注，就要立即协助孩子寻找原因以解决问题。

通常情况下，孩子无法集中注意力既有生理原因，也有心理原因。青春期孩子的大脑发育还不够完善，神经系统无法在抑制和兴奋之间保持平衡状态，又因为缺乏自控力，所以常常注意力分散。从心理的角度来说，青春期孩子的身心都处于快速发育状态，对周围的一切越来越好奇，此外，也因为承受着巨大的学习压力，所以常常下意识发呆。当孩子因为心理原因发呆，父母要第一时间与孩子交流，走入孩子的内心，了解孩子发呆的真正原因。对学习压力巨大的孩子，父母不要再给孩子增加压力，而是要引导孩子接受现状，在学有余力的情况下寻求突破，争取超越竞争者。如果孩子是因为与异性之间的关系或者是懵懂的情愫而发呆，那么父母要多多理解和尊重孩子，切勿不由分说地批评、指责孩子。青春期孩子渴望接近异性、了解异性是正常的心理需求，父母一定要用恰当的方式引导和帮助孩子。

除了这两个原因外，父母还要为孩子营造和谐的家庭氛围。家庭环境对孩子的影响是很大的，如果父母恩恩爱爱，家庭生活幸福圆满，孩子就能获得安全感；如果父母关系恶劣，家庭生活鸡飞狗跳、不得安宁，孩子就会特别自卑，也会担忧父母之间的关系。有人说，爸爸对孩子最好的爱，就是爱孩子的妈妈，这是特别有道理的。

具体来说，父母要想帮助孩子改变发呆的习惯，就要做到三点。

首先，让孩子提高学习效率，尽量利用白天时间，在夜晚到来时按时入睡，这样才能获得充足的睡眠，第二天早早起床，神清气爽地迎接新的一天。很多孩子睡眠严重不足，以透支睡眠、消耗精力的方式学习，导致不能可持续性学习，也大大降低了学习的效率。记住，学习是漫长的努力，切勿涸泽而渔。

其次，引导孩子树立明确的学习目标，这样就能全力以赴实现目标，始终保持专注。在学习的过程中，有无目标的指引，孩子的状态截然不同。当学习目标过大，无法对孩子当下的学习状态起到良好效果时，父母可以教孩子分解目标，然后逐个击破。在实现一个目标之后，孩子可以放下一切与学习有关的事情，充分休息。俗话说，磨刀不误砍柴工。对孩子而言，充分休息就是在磨刀，只要把刀磨得锋利，接下来的学习就能事半功倍了。

最后，排除干扰，调动更多的感官参与学习。心理学家经过研究发现，在学习的过程中，孩子越是调动多重感官参与，记忆效果就越好。以背诵语文课文为例，如果孩子只是反复默读，就很难在最短的时间内完成背诵，这是因为默读只需要调动视觉器官。如果孩子大声朗读，背诵的速度就会大大提升，这是因为和默读相比，大声朗读不但调动了视觉器官，而且用嘴巴发声，还要调动听觉器官。如果孩子不但大声朗读，同时还用手书写，记忆的效果就更好。

总之，孩子全身心地投入学习，不但能够改掉发呆的坏习惯，而且能够增强学习的效果，可谓一举两得。

努力却没有回报怎么办

进入高一下学期，选科之后，乐乐对学习感到很迷惘。他选择了理科，但是他的数学成绩一直处于弱势。分班之后，此前在班级里位于前十名的乐乐，在新班级里退到了三十多名。第一次月考之后，他备受打击。回到家里，看到乐乐脸上写着失意、沮丧，妈妈赶紧鼓励乐乐。在妈妈的鼓励下，乐乐终于振奋精神，把数学作为学习的重点和难点。努力了一个多月，到了期中考试，乐乐的整体排名虽然有进步，但是数学成绩依然拉低了总分，他更沮丧了。

一周的学习结束，乐乐回到家里，对妈妈说："妈妈，我不管多么努力，都无法提升数学成绩。"妈妈当即说道："乐乐，其实你已经在进步了。你肯定听过一句话，学习如逆水行舟，不进则退。你想啊，分班之后，你各学科成绩均衡的优势被减弱，数学学习相对薄弱的劣势却被凸显。如果你没有努力，没有进步，那么你肯定会严重退步，因为所有人都在努力进取。事实证明，你每次考试都能前进几个名次。其实，哪怕是保持原来的位置，你也已经是在进步了；前进几个名次，证明你比别人更加努力，所以才能逆水行舟，取得突破。"在妈妈的一番分析下，乐乐这才意识到自己一直在保持进步，虽然进步的幅度略小，但是整体态势却是好的。乐乐忍不住笑起来，妈妈继续说道："相信我，只要继续保持，哪怕不能进步，只能保持原位，也是极大的成功。当然，在学有余力的情况下，激发潜能，争取超越竞争者，自然是更好的。"妈妈又一次扭转了乐乐的心态，让乐乐继续保持，继续努力。果然，在高一下学期的期末考试中，乐乐已经冲进班级前十名了。

高中不属于义务教育，所以初中生要想考入重点高中，必须凭着分数杀出重围。在进入重点高中之后，很多在初中阶段出类拔萃的孩子难免会感到失落，因为曾经是初中的天之骄子，备受老师宠爱的他们，自从升入重点高中后面临更强大的对手，变得越来越平庸了。这样的心理落差，再加上学习难度加大，孩子很容易感到沮丧、迷惘。

在上述案例中，妈妈对乐乐的心理疏导是非常有效的。首先，妈妈认识到乐乐从普通初中考入重点高中，能保持进校的位次就已经能证明孩子在努力了，更何况孩子还在缓慢地进步呢？其次，妈妈认可了乐乐的努力。很多高中生之所以不堪忍受学习的压力，并非因为学习本身既辛苦又无趣，而是因为父母全盘否定了他们的努力付出。青春期孩子一边渴望独立，一边依赖父母，仍然特别看重父母的评价。哪怕在学校里被老师批评和打击，只要父母愿意认可和接纳他们，他们就能获得力量。最后，妈妈稳住了乐乐的心态，并没有对乐乐提出不切实际的要求，而是让乐乐先努力保持住现在的状态，如果觉得学有余力再寻求突破和更大的进步。这样一来，妈妈就帮助乐乐消除了压力，让乐乐对学习保持轻松愉悦的状态。有了妈妈的这一番分析，乐乐彻底消除了"努力却没有回报"的疑惑，也避免因为心态崩塌而彻底选择放弃。

在很多重点高中，哪怕孩子考了全班倒数第一名，也不意味着他没有付出努力。其实，重点高中的教育教学压力很大，学校设置的课程很多，对孩子的要求也很高。尤其是对住校的孩子来说，一周之中的六天都在学校里紧锣密鼓地学习，他们才是学习的主体，也是对学习付出最多的人。因而，面对孩子不如人意的学习成绩，父母最重要的任务是安抚孩子、鼓励孩子、支持孩子，而不是批评孩子、责怪孩子、打击孩子。每次考试失利，最伤心的人就是孩子，因为他们是学习的付出者，他们最渴望得到好成绩。偏偏很多父母本末倒置，自认为为了抚养孩子长大付出很多，也为了帮助孩子提升成绩花费了大量的时间和金钱，为此对孩子寄予了过高的期望，稍有不满就否定孩子。父母唯有明确学习的主体是孩子，才能尊重和认可孩子的付出，也才能摆正自己在孩子学习中的位置。

很多青春期孩子已经认识到学习的重要性，也能做到努力学习以获得更好的成绩。当不能如愿以偿时，他们一定会悲观失落。尤其是在面临人生中最重要的考试之一——高考时，如果孩子发挥失常，得分远远低于预期，父母一定要坚定不移地陪伴在他们身边，和孩子一起发现问题、解决问题。在此过程中，当务之急是解开孩子心中的疙瘩，缓解孩子的紧张和焦虑，其次才是和孩子一起找更合适的学习方法，也做出更有利于人生长远发展的抉择。

如何缓解考试焦虑

自从升入初中，需要学习的科目越来越多，原本小学阶段对待学习漫不经心的可可，学习的劲头越来越大，对待学习也越发勤奋和努力。不管是对待日常的作业，还是对待每个阶段的学习小测验，可可都认真对待，取得了不错的成绩。对可可的学习表现，老师是非常认可的。在第一次大考中，可可的考试成绩却很不理想。不管是老师还是父母，包括可可本人，都认为只是发挥失误。然而，随着大考的次数越来越多，每次可可的成绩都不如往日，老师意识到情况异常，也让父母留意观察可可临近大考的表现。

果不其然，每次大考之前大概一周，可可的表现都很反常。他特别烦躁，一反平日里性格温和的模样，总是对爸爸妈妈大吼大叫，还出现了头痛、失眠、厌食等症状。父母把这个情况告诉老师，老师认为可可是因为考试而焦虑。在尝试了各种办法都无济于事之后，父母只好带可可去看心理医生，希望心理医生能够帮助可可缓解焦虑。毕竟这还没到中考，将来还有高考呢。

在心理学领域，很多心理专家都知道詹森效应。詹森是一名很有实力的运动员，他每次练习都能取得优异成绩，一旦参加比赛就发挥失常。原来，詹森的心理素质很差，在比赛中因为精神紧张而无法发挥出应有的水平。当然，詹森效应不仅限于运动员，很多学生和詹森一样，心理素质差，遇到大考就紧张、慌乱。

从心理学的角度分析詹森效应，不难得出结论，即孩子之所以会出现考试焦虑的现象，一则是因为缺乏自信，二则是因为求胜心太重。例如，在上述案例中，可可每次小测验都能取得好成绩，由此可见他还是有自信的。可一到大规模的考试，他就会发挥失常，因而能够推断出他过于看重大考的成绩，所以导致事与愿违。

那些求胜心强的孩子，往往日常的表现很好，告诉自己只能成功，不许失败。又因为面临大考，不管是老师还是父母，都对平日里学习表现良好的孩子寄予了殷切的期望，这就会使孩子更加患得患失，无法发挥出自己的正常水平。

很多孩子患上了严重的考试焦虑症，不但无法在考试中取得好成绩，而且会严重损害自己的身心健康。为此，很多父母在发现孩子患上考试焦虑症后，自己也会陷入严重的焦虑状态，一则担心孩子的身心发展状态，二则担心孩子因为发挥失常而错过重要的机会。

面对患有考试焦虑症的孩子，父母无须过于担心。心理学家经过研究发现，焦虑是一种正常的情绪，只要不过度，反而能起到激励个体的作用。所以说，适度的焦虑能够帮助孩子奋发图强，努力学习。只有当孩子过度焦虑时，父母才需要帮助孩子缓解心理压力，达到让焦虑发挥正面作用的目的。

在学生群体里，考试焦虑的情况是很普遍的。在现代社会，每个人都面临着巨大的生存压力，孩子虽然还不需要努力工作赚钱，却承担着学习的压力。因此，父母首先要从心理上帮助孩子缓解压力、消除困扰。很多父母本身对待学习怀有错误的观点，认为考试是能够决定孩子人生的关键时刻。其实，即便是高考也无法完全决定孩子的人生。只有端正心态对待学习过程中大大小小的考试，孩子才能游刃有余，从容应对。

其次，父母不要唯分数论。很多父母都会把成人社会的压力转嫁到孩子身上，反复对孩子强调只有考试得高分，才能进入好学校，才能找到好工作，才能拥有好人生。不得不说，父母需要转变教育观念了。父母一定要告诉孩子，无论考多少分，父母的爱都不会改变，这样才能消除孩子的担忧。除此之外，父母还要多多称赞孩子除学习之外的成就，认可孩子在发展兴趣爱好方面的努力。记住，孩子不是学习的机器，得到高分更不是孩子唯一的人生目的。孩子是生动、立体、鲜活的人。父母要把孩子看成是独一无二的生命个体，全方位地认可和接纳孩子。

再次，面对焦虑不安的孩子，父母一定要寻找导致孩子焦虑的根本原因，才能做到对症下药，药到病除。很多青春期的孩子不愿意向父母敞开心扉，父母就要尊重孩子，以平等的谈话赢得孩子的信任，也要倾听孩子的心声。其实，孩子并非如同父母想的那样无忧无虑，他们也许会在乎同龄人的评价，也想要有更好的前途，还有可能因为准备不够充分而对即将到来的考试如临大敌。总之，孩子考试焦虑的原因是多种多样的，父母要明确根本原因，才能一招制胜，帮助孩子消除焦虑。

最后，教会孩子自我放松的方法。很多方法都能帮助孩子在考场上放松自我，例如，在考场上保持端正的坐姿，在心中默默地数数；想象自己不是在考场上，而是在充满花香的花园里，因而要缓慢地深呼吸，让沁人心脾的花香充盈自己的整个胸腔，再张开嘴巴缓慢地吐出气息；冥想片刻，想象自己的身体部位正在由上而下地放松。这些方法的效果都是很好的，能够有效地帮助孩子平复心情，保持冷静。

除此之外，孩子还可以转移自己的注意力，想一些让自己开心的事情；或者自我暗示，告诉自己"我已经准备得很充分了，一定能够考出好成绩""哪怕遇到不会做的题目也无须担心，因为我不会做的题目别人也不会做，大家都一样"，等等。

总之，学习是一场持久战，只有保持轻松的状态应对考试，才能取得理想的成绩。在教育严重内卷的今天，父母必须端正对待孩子的学习态度，在必要的时候帮助孩子缓解压力，才能成为孩子最好的指引者和陪伴者。

引导孩子理性地看待读书无用论

自从升入高中，姗姗就开始住校，每个星期六的傍晚才会回家，星期日下午三点就要返校。为此，在一周之中，爸爸妈妈能与姗姗相处的时间只有不到一天。才开学一个多月，妈妈就发现姗姗的学习成绩退步了。周六晚上，妈妈问姗姗："姗姗，你最近在学习上遇到什么困难了吗？需不需要爸爸妈妈的帮助？"面对妈妈的提问，姗姗满脸写着不耐烦，说道："学习，学习，你只关心我的学习。告诉你，学习学得再好也没用。我们班一个同学的哥哥去年大学毕业,到现在还没找到工作,一直待在家里。真不知道学习有什么用!我同学说,他爸爸妈妈都后悔供养他们读书了,还不如农民工找工作容易。"

姗姗的话仿佛炸弹一样投在妈妈的心里,妈妈不知道才升入高中一个月,姗姗对学习的态度为何有了一百八十度大转弯。妈妈赶紧把这个情况反馈给老师,拜托老师如果有合适的机会,一定要引导孩子们讨论学习的意义和人生的价值。老师对这个问题很重视,与此同时,老师也提醒姗姗妈妈:"姗姗妈妈,高中阶段的学习难度陡然增大,所以孩子未必是因为听到不当的言论才厌学,也有可能本身感到吃力。这一点,还希望你们父母多多引导孩子、鼓励孩子,在必要的时候对孩子伸出援手。"

如今,社会上充斥着"读书无用论"。很多成人认为,大学毕业生的就业形势越来越严峻,所以与其供孩子读书,不如让孩子早早打工,赚钱养活自己。也有些父母认为自家孩子不擅长学习,只考上了不入流的大学,就四处宣扬"读书无用论"。青春期孩子介于幼稚和成熟之间,虽然身体快速发育成熟,可心智发育成熟的速度却落后于身体,还不能全面理性地看待很多问题。这意味着孩子在生活方面也许不需要父母无微不至的照顾了,但是在心智发育方面还需要得到父母的引导和启迪。针对"读书无用论"的问题,父母只需要举一个简单的例子,就能帮助孩子扭转观念。

前些年,网络上大肆报道北京大学毕业生卖猪肉一事,在社会上引起了轰动。那些坚持"读书无用论"的人认为,与其等到北大毕业再去卖猪肉,不如初中毕业就卖猪肉,因为初中毕业的数学水平就足以算清楚卖猪肉的简单账目了。反之,那些坚持认为读书有用的人则认为,社会上有那么多人都在卖猪肉,为何没人报道他们呢?反倒是一个北大毕业生卖猪肉,就马上引起了轰动,这是因为北大毕业生卖猪肉和普通人卖猪肉是不同的。换言之,北大毕业生能把卖猪肉发展成为产业,普通人很难把卖猪肉发展为产业。再换一个角度看,北大毕业生既能卖猪肉,也能选择找一家很不错的公司上班，但是普通人卖猪肉只能勉强养活自己，压根没有其他选择。

不可否认的是，很多普通院校的本科毕业生的就业形势严峻，可只要他们脚踏实地，本本分分，找一份工作养活自己还是很容易的。有些本科毕业生没有认清楚形势，自诩为天之骄子，坚持认为自己拿到了本科毕业证就该成为各大企业竞相邀请的人才，这当然是不知天高地厚了。还有一点的确是真实的情况，即相当一部分本科毕业生的薪水远远不如农民工高。例如，很多本科毕业生从事普通的工作，每个月只有五六千的薪水，但是农民工只要愿意花大力气干活，甚至能月入过万。只是单纯地比较本科毕业生和农民工的薪水毫无意义。一则，本科毕业生未必能像农民工那样吃苦；二则，农民工干的是力气活，哪怕农民工掌握了砌墙、抹灰等技能，随着年龄增大，力气越来越衰败，他们能赚到的钱必然也越来越少，而本科毕业生随着工作年限增长，工作经验增加，薪水往往水涨船高。

这是从生命自然发展规律的角度看待本科生和农民工的薪水。从人生发展的角度来说，我们之所以努力学习，不只是为了把知识转化为肉眼可见的金钱，更是为了充实自己的心灵，开阔自己的眼界，拓展自己的思维，也让自己与优秀者为伍，拥有丰富的人脉资源。归根结底，这一切都是知识赋予我们的，将会彻底改变我们的人生。从小处说，本科毕业生将会找到一位和自己学历、能力相当的人生伴侣，共同组建小家庭，一起为了人生的理想而拼搏和奋斗，而农民工只能找不识字的女孩组建家庭，不但影响家庭的整体收入，也将会影响下一代的教育。从人生选择的角度来说，因为拥有知识、眼界、阅历和人脉关系，大学生的选择无疑更多。简而言之，大学生可以选择当农民工，做只需要出力气而不需要动脑筋的苦活累活，也可以选择进入一家公司从底层做起，一步一个脚印地到达更高的位置，看到更远处的风景。农民工没有选择，他们只能做最苦最累的活计，一旦过了四十岁，精力衰弱，就会面临人生的困境。

在世界上，有人追求财务自由，有人追求人生自由，有人追求精神富足，有人追求物质富足。其实，真正的富有是选择自由。不管是坚持学习，还是努力拼搏，都是为了拥有选择自由。可以说，选择自由才是人生最高级的自由。穷人吃糠咽菜被人嘲笑，是因为他们吃不起山珍海味；富人吃糠咽菜却被人夸赞有品位，懂养生。这就是是否有选择的区别。当我们勇敢地攀登上知识的巅峰，即使临时选择送外卖，也只会被说成是能屈能伸，为了增加人生体验。如果我们始终在知识的峡谷里，再也没有翻身的机会，送外卖就会被说成是没有出路。

　　读书从来不是无用的。古人云，开卷有益。哪怕是没有接受过系统教育的人，也应该多多读书以充实自己的心灵。书籍是人类精神的食粮，也是人类智慧的传承。每一个孩子都要用学习提升自己，用读书改变命运。

第十章
亲子关系是家庭教育的前提

在所有的人际交往中,亲子关系是最重要的。面对青春期孩子,很多父母都特别困惑,不知道孩子为何总是沉默,为何偏偏要与自己针锋相对。为此,父母动辄说"我是为了你好",这句话仿佛一块沉甸甸的大石头压在孩子的心上,让孩子忍不住想要逃离。面对青春期孩子,父母要牢记一点:亲子关系是家庭教育的前提。

要管教，不要教训

面对青春期孩子，父母的确是想好好管教的。但是，他们不知道小时候叽叽喳喳说个不停的孩子为何突然间变得沉默；不知道小时候对父母言听计从的孩子为何一夜之间变得叛逆；不知道小时候唯父母独尊的孩子为何此刻再也不愿意把父母放在眼里……面对孩子的挑衅，面对孩子的轻视，父母忍不住想要动手，给孩子一点教训。

面对青春期孩子，父母动手就输了。一则，青春期孩子的身体快速发育成熟，力量越来越大，很多可能只需要抬起胳膊挡一挡，父母就觉得力道很大。二则，青春期孩子以各种叛逆的举动宣誓自己的主权，父母愤怒地动手，恰恰表明父母已经无法通过沟通说服孩子。

作为青春期孩子的父母，必须意识到一点，即靠着武力压制孩子的时代已经一去不返了。基于这一点，父母再也不要试图对孩子动手，更不要试图以力量压制孩子，或者让孩子感到害怕。面对突然间感到无力的自己，很多父母只好反复强调"我这都是为了你好"。然而，孩子再也不想被这句话束缚了。很多孩子都特别讨厌这句话，因为这句话否定了孩子的自主选择，也剥夺了孩子独立做决定的机会。

在青春期，孩子更需要父母的尊重和理解，也渴望与父母理性沟通。所谓理性沟通，不是父母向来擅长的唠叨式说理，而是朋友之间的平等交流。在理性沟通的状态下，父母哪怕不认可孩子的思想和决定，也能坚持引导孩子，给孩子建议，而非强制命令和要求孩子。当父母坚持理性沟通，孩子才愿意说出自己的真实想法和感受。在理性沟通的状态下，孩子消除了抵触心理，父母可以和孩子一起分析某些决定可能引起的后果，引导孩子全面思考与衡量，及时更正错误的决定。反之，如果父母总是冲动地批评、指责和训斥孩子，使孩子对父母感到彻底失望，那么孩子就会向同龄人寻求帮助。这无疑是很糟糕的。青春期的孩子冲动易怒，对很多事情缺乏理性的判断，只有求助于成年人，才能得到有效的帮助。如果求助于同龄人，同龄人根本无法给予引导和帮助，反而会煽风点火，最终导致事态持续恶化到不可控的程度。

从这一点上看，父母无论如何都要坚持与青春期孩子保持良好的亲子关系，因为亲子关系是家庭教育的前提，也是亲子沟通的基础。一旦亲子关系破裂，孩子就会转而向其他人寻求归属感，也很容易误入歧途。

在家庭教育中，很多父母总是高高在上，误以为这样就能保持作为家长的权威。其实不然。父母必须跟随孩子成长的脚步，与时俱进地改变教育的方式方法，也调整自己与孩子相处时扮演的角色。青春期孩子无比渴望独立自主的空间，为此才会坚持尝试，以各种冒险的方式深入探索世界。很多父母严令禁止孩子探索危险，其实，哪里有压迫哪里就有反抗，这样反而会激发孩子的逆反心理，使孩子变本加厉地探索未知领域。父母要成为孩子学习的好榜样，也要认识到孩子的可塑性，所以要在保证孩子安全的前提下，给予孩子更大的成长空间。

记住，教育是管教，而非暴力。当父母以暴力方式对待孩子，轻则使孩子压抑、胆小，重则会使孩子也养成以暴力解决问题的坏习惯。孩子也许不能成为父母期望的样子，却一定会成为父母表现出的样子。每一个青春期孩子的父母，首先要成为最好的自己，才能养育出最好的孩子。

不要把孩子当小大人

每个孩子都有自身的成长规律，作为父母，既不要阻碍孩子成长，也不要揠苗助长。很多父母把孩子当成小大人对待，要求孩子做远超过年龄的各种事情，还把会成人社会中的各种烦恼一股脑地倾诉给孩子听。的确，对父母而言，如果孩子能够帮一些忙，父母的生活就会轻松很多。但是，如果这样的帮助是以牺牲孩子童年的快乐为代价的，则得不偿失。

在家庭生活中，每个家庭成员都肩负着自己的责任，例如，父亲负责工作，赚钱养家；母亲负责操持家务，照顾孩子；孩子负责无忧无虑、身心健康地成长。作为母亲，如果不能承担起照顾孩子的重任，反而需要孩子帮忙照顾刚刚出生的弟弟或妹妹，孩子就会形成角色错位，即直接越过童年阶段，开始扮演成年人的角色。

静静是一个特别自卑又胆小的女孩。在班级里，她总是安静地坐在角落中，上课时很少回答问题，下课时默默无语。看到静静愁容满面，老师很担心，询问静静："静静，你为什么总是不开心呢？"静静告诉老师："老师，我最近的确心情不好，因为不知道怎么帮我妈妈写离婚申请书。"

听到静静的话，老师大吃一惊，说道："怎么需要你帮妈妈写离婚申请书？"静静解释道："老师，我妈妈不识字，更不会写字。她说找别人写丢脸，所以让我写。不过，我也不知道怎么写。"老师心疼地看着静静，暗暗想道："静静妈妈未必真的要离婚，大概是以这样的方式吓唬静静爸爸，但是没吓到静静爸爸，先把静静吓坏了。"思来想去，老师通知静静妈妈来学校当面沟通。在老师的劝说下，静静妈妈这才意识到她的做法很不妥当。

在这个案例中，老师想得很对，静静妈妈也许只是想以这样的方式给静静爸爸施加压力而已。但是，静静妈妈没有想到对才读初中的静静而言，帮助妈妈写离婚申请书，面对父母即将解体的婚姻关系，静静不知道承受了多么大的压力。

很多父母都会把孩子当成小大人，或者让孩子代替父母做一些事情，承担某些家庭责任，或者把成人的烦恼一股脑地告诉孩子，让孩子失去无忧无虑的童年，陷入成年人的烦恼泥沼中。父母不知道的是，青春期孩子看似身体发育已经成熟，其实心智发育远未成熟，无法像成年人那样承受巨大的压力，还会因为缺乏判断和甄别能力而陷入恐慌之中。

要想成为合格的父母，最基本的要求是为孩子提供安全的成长环境。当婚姻关系破裂，父母即使真的不得不离婚，也要照顾到孩子的感受，尽量友好协商，和平分手。

随着离婚率的节节攀升，社会上的单亲家庭越来越多，直接导致亲职化现象越来越普遍。所谓亲职化现象，指的是在单亲家庭里，因为缺少爸爸或妈妈，孩子不得不竭尽全力分担家庭的责任，代替妈妈或爸爸照顾更小的弟弟或姊妹。有些孩子索性直接扮演起缺失的妈妈或爸爸的角色，小小年纪就感受到生活的艰辛，远离了无忧无虑的童年。

在亲职化现象中，扮演小大人的孩子过于早熟，把自己视为家庭的照顾者或守护者。有些孩子还会把亲职的角色内化，因而延长了自我分化的整个过程，就算长大成人也依然无法完全脱离原生家庭。例如，在单亲爸爸的家庭里，姐姐既是家里最大的孩子，同时也承担起妈妈的角色，不但做很多家务以减轻爸爸的负担，而且像母亲一样照顾年幼的弟弟。这样的姐姐在长大成人之后，哪怕已经组建了自己的家庭，也仍然无法完全与原生家庭分化，一边照顾自己的小家，一边牵挂着爸爸和弟弟的大家，还会把各种东西，如金钱等转移到大家。长此以往，必然影响小家的幸福和睦，甚至导致小家破裂。这就是传说中的"扶弟魔"。需要注意的是，不仅单亲家庭中的孩子会成为小大人，在一些结构完整的家庭里，如果爸爸或妈妈的角色弱化，孩子也会成为小大人。

要想改变亲职化的自我，孩子必须从本不该自己承担的父母责任中抽身而出，这样才有健全自我的空间。从父母的角度来说，不管是在单亲家庭里，还是在结构完整的家庭里，都不要逼着孩子承担本不该由孩子承担的责任。既然生养了孩子，父母就要尽到为人父母最基本的责任和义务。

父母离婚对孩子的伤害

新生命从呱呱坠地开始，就在爸爸与妈妈共同组建和经营的家庭里成长，对孩子而言，父母是他们的依靠，家庭是他们的世界。当父母之间的关系破裂，婚姻即将解体，孩子无疑面临着生活的重大改变。因为不管是选择跟着爸爸一起生活，还是选择跟着妈妈一起生活，都意味着孩子的日常生活中缺少了一个至关重要的人。有些父母顾及孩子的感受，选择和平分手，尽量减轻对孩子的伤害；有些父母则特别自私，为了离婚闹得鸡犬不宁，甚至对簿公堂，还要求孩子当着法官的面表态到底是选择爸爸还是妈妈，这何其残忍。在孩子心中，爸爸妈妈都是不可缺少的人，是守护自己的人。

也有些父母选择偷偷离婚，隐瞒孩子。其实，青春期的孩子渐渐走向成熟，他们的感觉很敏锐，情感很丰富。当父母故意隐瞒孩子，孩子反而会因为有意或无意间感受到的一切而惴惴不安。因此，父母在离婚中恢复平静后，一定要选择合适的机会告诉孩子家庭的变化。当然，要强调一点：不管爸爸妈妈的关系如何，我们都是爱你的。这样才能减少孩子的恐惧和不安。在离婚之后，监护孩子的一方一定要允许另一方来探视，因为很少有孩子能够忍受生命中最重要的人突然消失。哪怕彼此因为离婚闹得不能相见，也要允许对方探视孩子，或者把孩子送到对方的身边度过节假日。孩子必须亲身感受到父母并没有因为离婚而减少对他的爱，才能修复内心的创伤，再次获得安全感。

正在读初二的小雨突然情绪失控，拿起美工刀想要割腕。先前看到小雨的情绪不对头，又看到小雨一直盯着美工刀，同桌便赶紧跑去找来了班主任。班主任及时赶到，夺下小雨手中紧握着的美工刀，把小雨带到心理咨询室，让小雨和张老师聊一聊。

张老师检查之后确定小雨没受伤，而且小雨身上没有危险的物品，这才放松下来，坐在小雨对面的沙发上，说："小雨，我知道你这么做一定是有原因的。如果你愿意说一说，我会认真听的。"张老师的话让小雨泪如雨下。小雨泣不成声地说："老师，我是罪人。当初，就因为我的一句话，我爸爸妈妈就离婚了。妈妈带走了姐姐，把我留给了爸爸。"张老师看着小雨，小雨继续说："那天，我看到爸爸搂着另一个女人，就告诉了妈妈。我才上三年级，不知道这件事情这么严重。这么多年，妈妈和姐姐一直在姥姥家，再也没有回来过。"老师听到事情的经过，对小雨说："小雨，你才读三年级，哪里知道成年人的生活那么复杂呢。即便是现在，你也才十三岁，所以你不知道，你的一句话并不会使父母分开，他们分开的真正原因不是你。可以想象，你妈妈一定是一个心高气傲的女子，所以无法容忍你爸爸背叛婚姻。当然，你爸爸也许有自己的原因。我们不要评判父母的婚姻，也无法判断父母的对错。事情已经过去四年多了，你要学会放下。马上就到暑假了，你可以让爸爸把你送到妈妈身边，我想妈妈一定很想你。父母虽然离婚了，但是他们对你的爱不会减少。你还可以征求爸爸的同意，让姐姐来家里过暑假。这都是很好的办法。"小雨消极地说："可是我们一家四口再也无法团圆了。"张老师抚摸着小雨的头，说道："如果你的爸爸妈妈愿意，你们也可以一家四口一起吃顿饭，毕竟过去的已经过去了。老师相信，你一定能走出阴影，也协调好父母的关系。"

对年纪很小的孩子来说，父母离婚将会持久地产生影响。在上述案例中，小雨把父母离婚的原因归咎于自己，所以充满自责，满心后悔。不仅如此，哪怕父母不是因为孩子的一句话揭露真相而离婚，孩子也会归咎于自己，认为是自己不听话才导致父母离婚。毕竟孩子才小，不能理解成年人复杂的婚姻关系。作为父母，一定要扭转孩子的观念，消除孩子的负罪感。

对很多夫妻而言，离婚只是一个决定；但是对很多孩子而言，父母的婚姻破裂，就是世界末日的到来。面对父母离婚，很多孩子的情绪和感受都特别复杂，他们渴望得到父母的陪伴和关爱，也生怕被同龄人嘲笑和挖苦。偏偏很多父母离婚只关注自身的感受，而忽略了孩子的身心状况。

每年高考结束，离婚率都是陡然提升，这是因为很多父母害怕影响孩子高考，所以选择隐忍一两年，等到孩子结束高考再离婚。不管多大的孩子，父母都要给予其完整的时间去接纳家庭的变化，也要在日常生活中帮助孩子接受现实。对已经进入青春期的孩子，父母还可以借着离婚的机会和孩子一起探讨爱情，探讨婚姻和家庭的意义，这样既能帮助孩子接受家庭的改变，也能引导孩子形成健康的婚恋观。

单亲家庭的教育难题

现代社会，单亲家庭越来越多，而单亲家庭的教育问题也日渐突出。所谓单亲家庭，未必都是由父母离婚造成的。有些单亲家庭经历了父母早逝，因为意外或者疾病降临而导致家庭结构发生根本性改变。不管是父母离婚，还是父母早逝，单亲家庭的孩子都受到了沉重的心灵打击。有些孩子特别坚强，最终走出了家庭变故的阴影；也有些孩子心灵脆弱，始终不能面对残酷的现实，患上严重的心理问题，也造成了巨大的心理偏差。

因为单亲家庭的孩子越来越多，所以学校教育也面临着巨大的挑战。虽然在校园里，老师是以教书育人为主的，不需要额外关注孩子的家庭情况。但是，如果家庭情况已经严重影响到孩子的身心健康，老师也需要帮助孩子干预心理危机。和老师相比，父母更是要正面面对孩子的家庭教育，切勿忽视或者选择性回避家庭变故给孩子带来的伤害。

自从离婚之后，妈妈发现小雅变得越来越沉默，和妈妈的关系也渐渐疏远了。妈妈知道，小雅一直坚决反对妈妈和爸爸离婚，她也无法理解妈妈为何不能原谅愿意结束与小三的关系重新回归家庭的爸爸。为此，哪怕选择和妈妈一起生活，小雅始终对妈妈怀着抱怨。小雅简单地认为，妈妈只要原谅爸爸，她就还能拥有和以前一样幸福的家。

因为家庭破裂的影响，小雅的学习成绩一落千丈。妈妈只好把家庭情况告诉了班主任。班主任也是一名中年女性，她很理解小雅妈妈的选择，答应多多关注小雅的情况，也在合适的机会下解开小雅心中的疙瘩。后来，老师特意上了一节班会课，以班级里有些同学的早恋现象为切入点，讲述了爱情的排他性，也告诉同学们很多人都是有"感情洁癖"的。老师没有评判那些在婚姻中出轨、背叛配偶的人，也没有评判那些有感情洁癖的人，她说：每个人都有追求爱情的权利，每个人对爱情的期望和要求都是不同的，我们要尊重每个人对爱情的追求与渴望。

这次班会课之后，小雅有了微妙的转变，她不再抱怨妈妈让她失去了完整的家，反而同情妈妈遭到了爸爸的背叛。有一次，小雅当着妈妈的面指责爸爸是当代陈世美，妈妈安慰小雅："小雅，爱情的保鲜期有长有短，我都没有恨过爸爸，你更不要恨爸爸。我们要尊重爸爸的选择。"小雅彻底解开了心结，她知道妈妈是值得尊敬的。从此之后，小雅发奋学习，她的心和妈妈的心贴得更近了。

在这个案例中，妈妈做得很好。她感受到小雅对自己的不满，没有强求小雅消除不满，而是拜托老师找合适的机会解开小雅的心结。当小雅表现出对爸爸的憎恨时，妈妈更是及时纠正小雅的想法，告诉小雅爱情原本就是有保鲜期的。妈妈很清楚，孩子不管是恨爸爸还是恨妈妈，都是对自身的伤害。毕竟是爸爸妈妈创造了孩子的生命，孩子在怀恨爸爸或者妈妈时，在潜意识中也会开始否定自己。对青春期孩子而言，不管面临怎样的家庭变故，接纳才能帮助自己顺利度过艰难的时期。妈妈深谙其道，因而一直在以帮助小雅接纳现状为原则，致力于消除小雅心中的负面情绪。

面对青春期孩子,当家庭关系破裂,父母要做到四点。

第一点,无须隐瞒,而是要告诉孩子当下的状况,引导孩子接纳现状。其实,生命中的很多苦恼都来自排斥和抗拒,也来自自欺欺人。不管是爸爸还是妈妈,都要帮助孩子接纳,因为只有以接纳为前提,孩子才能尽快度过艰难的时刻。

第二点,不要当着孩子的面诋毁对方。不管离婚的原因是什么,都不要当着孩子的面诋毁对方。对孩子而言,无论是爸爸还是妈妈,都是他最爱的人。维护对方在孩子心目中的良好形象,才能减少对孩子心灵的伤害。

第三点,很多父母因为离婚而觉得愧对或者亏欠孩子,切勿因此就一味地迁就或者溺爱孩子,否则就是害了孩子。要想让孩子身心健康地成长,就要给孩子营造正常的家庭环境,坚持对孩子赏罚分明。

第四点,在家庭生活中,如果因为意外或者疾病而失去另一半,在度过最难熬最痛苦的阶段后,就不要任由伤痛在家庭生活里蔓延了;如果因为遭到对方的背叛或者因为夫妻性格不合而选择离婚,更是要尽快调整好情绪,和孩子一起投入正常的生活。必要的时候,可以转移注意力,例如,投身于繁忙的工作,或者带着孩子长途旅行。时间是治愈创伤的良药,当不知道该如何做的时候,一定要跟紧时间的脚步,努力向前奔跑。

高品质地陪伴孩子

现代社会中,很多父母都疏于陪伴孩子。在偏远的农村,很多年轻的父母生下孩子之后就出门打工,把孩子交给老人养育,每年与孩子团聚的日子屈指可数;在繁华的城市里,大部分父母都忙于工作,或者把孩子送回老家,或者把老人接到身边负责孩子的吃喝拉撒和衣食住行。有些父母工作特别忙碌,看似和孩子一起生活,实际上常常连续几天见不到孩子,这是因为他们披星戴月地回家时，孩子已经睡着了；孩子早晨起床上学时，他们还在呼呼大睡。面对青春期孩子，很多父母都不知道孩子为何会叛逆，从未想到自己高质量地陪伴孩子的时间少得可怜。

除了上述情况，有些父母尽管有条件高质量地陪伴孩子，却因为沉迷手机而只是在形式上陪伴孩子。例如，有些年轻的全职妈妈把孩子带到公园里玩，自己却一直低头盯着手机；有些爸爸虽然下班很早，完全可以利用晚上的时间陪伴孩子，却因为忙着玩游戏，而把手机交给孩子玩。这种陪伴非但不是高质量的，反而是低质量的，因为会使孩子沉迷手机。有朝一日，当看到孩子每时每刻都在玩手机，而不愿意专注学习时，父母们就开始指责孩子缺乏自控力，沉迷网络。

有人说，陪伴是最长情的告白。对孩子而言，父母的陪伴是最好的教养。孩子需要父母的陪伴，不是要求父母每时每刻都陪伴在孩子身边，而是要在有限的时间里高质量地陪伴孩子。很多父母以工作忙为借口疏于陪伴，却不知道很多父母为了给孩子创造更好的生活条件而奔波忙碌，依然能够挤出时间高质量地陪伴孩子。他们对孩子的关爱是发自内心的。在出差时，即使不能陪伴在孩子身边，他们也会每天给孩子打电话，或者与孩子视频通话，了解孩子一天的经历。回到家里，他们会把工作放在一边，全身心地陪在孩子身边，例如，与孩子一起阅读，与孩子一起做游戏，与孩子一起看电影，还与孩子深度交流。他们既是孩子生活上的衣食父母，也是孩子心灵上的朋友，更是孩子人生旅程中的导师。

很多父母为了孩子辛苦打拼，不知不觉间不仅忽略了孩子，也忽略了自己。他们废寝忘食，始终承受着巨大的压力，导致心力交瘁，人到中年就患上各种疾病。这也违背了高质量陪伴孩子的原则。父母要知道，对尚未成年的孩子而言，不管父母为他们提供多么富足的物质和金钱，都无法健康成长。只有得到父母的陪伴和关爱，孩子才能健康长大。从这个角度来说，父母要先爱自己，才能爱孩子。很多经验丰富的保险代理人，在向潜在客户推销保险时,都会要求潜在客户先为自己购买保险。对此,客户不解,说道:"我优先保障孩子。家里的钱是有限的,还是先给孩子买保险吧!"保险代理人摇摇头,说道:"父母才是孩子最大的保障。如果没有父母陪伴在身边,孩子不管拥有多少钱都没有用。"

不得不说,这样的保险代理人是很负责任的,一句话惊醒梦中人。是啊,孩子唯一不可缺少的,既不是金钱,也不是物质,而是父母。由此可见,关爱自己,才能更长久地陪伴孩子。

毋庸置疑,成年人的生活充满各种烦恼,也充满各种压力。很多父母都把孩子视为生活的重心,把除了工作之外的所有时间和精力都花在孩子身上。把孩子当成全世界的父母,很难好好地爱孩子。一则,他们会骄纵宠溺孩子;二则,他们忽略了自己,不能很好地照顾自己,无法高质量地陪伴在孩子身边;三则,父母毫无保留的爱会给孩子带来无形的压力,使孩子以爱为负担,无法轻松快乐地成长。因而,他们并不是合格的父母。

一个人不管在社会生活中扮演怎样的角色,首先要成为自己,爱自己,才能照顾他人,爱他人。父母不但要教会孩子生存的技能,传授给孩子各种知识,也要以身示范,教会孩子如何爱自己。也许有些父母会说,爱自己需要金钱、时间和精力,我好像没有多余的了。其实,爱自己渗透在生活的点点滴滴中。例如,做饭的时候,准备一道自己喜欢吃的饭菜,而不要只考虑家人的口味;做家务的时候,可以放一首轻松的歌愉悦自己,如果太累了,给自己放假一天也没关系;孩子寒暑假时,可以把孩子送给长辈照看一段时间,这样就能彻底放松,享受自己的独处时光;心情不好时,给自己买一件心仪已久的衣服,或者买一套昂贵的化妆品⋯⋯愉悦自己的方式很多,重点在于要有愉悦自己、善待自己的意识和愿望。

不管是爸爸还是妈妈,都要先照顾好自己,才能高品质地陪伴孩子。爱自己,要留出一些金钱和精力给自己;爱自己,要留出一些时间和空间给自己;爱自己,要为自己做一道美食;爱自己,要为自己买一件美衣;爱自己，要学会自私地善待自己，偶尔不做家务，偶尔去饭店吃现成的，偶尔放纵自己不陪孩子写作业，偶尔去喜欢的地方看美丽的风景。

缺乏安全感的孩子更容易沉迷网络

如今，越来越多的青春期孩子沉迷网络，无法自拔，在虚拟的游戏中寻求心灵上的安慰和情感上的满足。对这样的孩子，一味地责骂和惩罚显然无法让他们迷途知返。要想从根源上帮助孩子戒掉网瘾，父母最重要的是找到孩子沉迷网络的原因，这样才能有针对性地采取措施。

很多父母误以为孩子沉迷网络是因为缺乏自制力，也因为自己对孩子疏于管教，所以一反常态，开始不择手段地严格管教孩子，非打即骂，还采取各种非常手段提升孩子的自制力，以磨炼孩子意志力的名义惩罚孩子。有些父母极其不负责任，把孩子送到戒网瘾学校，让孩子遭受教官的毒打。父母在指责、批评孩子时，在把孩子推出家门送到戒网瘾机构时，不妨想一想：孩子是一出生就沉迷网络吗？当然不是。新生命呱呱坠地时就像一张白纸，单纯、可爱，之所以上网成瘾，一定是成长的过程出了问题。

心理学家经过研究发现，大多数沉迷网络的孩子都缺乏安全感，在现实生活中无法获得情感上的满足，因而只能投身于虚拟的网络世界。从内心深处来说，他们特别渴望得到家庭的温暖。面对上网成瘾的孩子，父母不要急于责怪、限制、惩罚孩子，而是要深入挖掘孩子沉迷网络的原因。在父母的眼中，网络世界是虚拟的，也是冷冰冰的；在孩子的眼中，网络世界是温暖的，也是充满阳光的。要想把孩子从网络世界中拯救出来，父母唯一需要做的就是让孩子亲身感受到现实世界的温暖。唯有如此，孩子才会从网络世界抽身而出。

很多父母习惯了把孩子当成学习的机器，只关心孩子考试考了多少分，或者认为父母就是给孩子提供充足的物质和金钱。如果当父母这么简单、容易，那么人人都能当好父母。现实告诉我们，合格的父母少之又少，优秀的父母凤毛麟角。大多数父母都还不知道父母的定义，就完成了当父母的职责和使命。换一个角度来看，很多孩子尽管得到了父母供养的衣食，也接受了父母提供的生活和学习条件，其实却是跌跌撞撞地独自走完了成长的道路。

进入青春期，孩子需要的不再是父母无微不至的照顾，而是父母在精神和情感层面上的给予。偏偏父母依然停留在以前，误认为只要保证孩子不挨饿受冻就好。对青春期的孩子而言，他们已经快速成长了十几年，父母却很有可能依然停留在以前，远远地看着他们，丝毫不想追赶他们。对这样的父母，孩子最大的苦恼在于得不到理解，更得不到尊重。

当无法从父母那里得到精神和情感上的满足，孩子就会把目光投向网络世界。在网络世界里，他们可以暂时忘记自己的烦恼，也暂时感到满足且充满希望。父母不知道的是，孩子依赖的不是网络，而是网络中能够满足自己需求的人。长此以往，很多孩子网络重度成瘾，一旦被父母以简单粗暴的方式没收电脑或者手机，他们就会暴跳如雷，甚至在冲动之下做出伤害自己的事情。从医学的角度来说，这是孩子出现了戒断性反应，他们仿佛是吸毒的人突然被戒毒一样，出现了强烈的身心不适。因此，父母帮助孩子戒掉网瘾一定要讲究方式方法，要遵循循序渐进的原则，要用爱和包容把孩子唤回现实世界。

首先，父母要学会说"我爱你"，把爱孩子挂在嘴边是父母该做的事情，也是父母对爱的表达和宣言。

其次，父母要多多陪伴孩子，带着孩子走出家门，看祖国的大好河山；带着孩子丰富人生的体验，感受世界各地不同的风土人情；带着孩子接受文明的熏陶，坚持阅读，看有意义的电影，都是提升内在素养的好方式。

再次，父母可以和孩子一起玩游戏，当然，要限定时间。这样孩子才会敞开心扉接纳父母，把父母视为朋友，视为战友。与此同时，父母也能深入理解孩子，进入孩子的内心世界。

最后，父母要完全接纳孩子，而不要挑剔与苛责。很多父母自诩是最爱孩子的人，其实，父母对孩子的爱远远不如孩子对父母的爱那般深沉。孩子从不挑剔父母，也不会对父母提出无法实现的要求，这一点最值得父母学习。当父母对待孩子也能如同孩子对待父母一样，很多家庭教育的难题就将不复存在。

营造家庭氛围：规则还是民主

当孩子进入青春期，父母在教育孩子的问题上往往会出现分歧，这也许是因为一方溺爱孩子，而另一方主张严格要求孩子；也许是因为一方更新了教育观念，主张营造民主的家庭氛围，而另一方则墨守成规，依然坚持规则为先。不管是什么原因导致教育观念的不同，父母都要及时达成一致，不要当着孩子的面爆发冲突。

有一点毋庸置疑，即初高中孩子不再像小时候那样愿意服从父母的安排和命令。为此，很多父母认为孩子变得不听话了，少数父母则意识到这是孩子长大的表现。父母养育孩子必须与时俱进，跟紧孩子成长的脚步，才能更新教育的观念，采取新的教育方法，满足孩子的精神与情感需求。尤其是对待孩子的学习，很多妈妈都特别焦虑，生怕孩子因为一时放松而导致严重退步，反之，一些爸爸则坚持顺其自然的原则，认为孩子的成长并不在于一时一刻，为此对孩子怀着充足的耐心，也愿意给孩子更多的时间和更大的空间自由成长。

从心理学的角度来说，面对青春期孩子，父母与其一味地严格管教，不给孩子任何自由和民主的权利，不如调整教育思路，营造民主和谐的家庭。哪怕父母依然清晰地记得孩子出生时的样子，也依然能够回忆起孩子作为一年级的小豆包背着书包走进校园的样子，孩子都不可阻挡地长大了。哪怕在爸爸妈妈眼里，孩子永远是孩子，是淘气顽皮、粗心大意的孩子，是古灵精怪、惹人喜爱的孩子，孩子都渐渐地走向了成熟。青春期孩子虽然身体上快速发育，但是心理上依然介于成熟与稚嫩之间。为此，他们才会一边写作业一边听音乐，一边讨论国家大事一边吃棒棒糖，一边蠢蠢欲动要早恋一边想挤在爸爸妈妈中间睡一晚，一边自以为已经掌握了很多全新的知识一边挤眉弄眼地卖萌。在这样的行为中，孩子与父母之间必然会产生矛盾，很多父母也正是根据孩子这样的表现，断定孩子还没长大，还需要父母保驾护航，因而死死地抓住孩子，不愿意对孩子放手。

从根源上分析，一切的家庭教育问题都可以归结为亲子观的问题。顾名思义，亲子观就是父母对自身与孩子的关系的认知。在各种各样的亲子关系中，权威型家长与孩子的关系是最完美的，既对孩子讲民主，致力于营造民主和谐的家庭氛围；也对孩子讲规则，邀请孩子参与制订规则，且以身示范遵守规则。需要注意的是，权威型家长并非无原则地迎合孩子，也并非遵从肤浅的教育理念构建亲子关系。其实，一个家庭不管是过于讲究规则，还是过于讲究民主，都会在教育方面表现出明显的弊端。只有以开放包容的心态及时更新教育观念，接纳孩子的各种成长和变化，才能以民主为基础，结合规则，为孩子打造最适宜的家庭环境。当然，如何把握民主与规则的度，如何平衡民主与规则的关系，这是一个难题。

父母要想成为权威型家长，一则要摆脱传统的家长作风，不要再对孩子摆出一副高高在上、不可侵犯的模样；二则要把孩子视为独立的生命个体，认可孩子作为家庭成员和社会成员的地位，发自内心地尊重孩子，坚持平等地对待孩子。此外，父母还要学会倾听孩子，这样才能了解孩子的需求，尊重孩子的意见和决策。进入初高中阶段，孩子处于快速的身心发育之中，生理需求和心理需求都变得越来越复杂且多元化。唯有尊重孩子，平等地与孩子沟通，父母才能走入孩子的内心世界，帮助孩子度过充满烦恼的青春期。

爸爸要爱孩子的妈妈

即便时代发展至今,在很多家庭里,也仍然存在家庭暴力的现象。家庭暴力分为三种不同的类型,分别是精神暴力、身体暴力和性暴力。所谓精神暴力,通常指的是从精神上折磨和虐待对方,最常表现为冷暴力,以及用语言侮辱对方,摧毁对方的自信。身体暴力是最常见的,即力量上占据强势的一方,以各种行为伤害对方的身体。和精神暴力、身体暴力相比,性暴力则是相对隐蔽的。在这里,我们重点探讨身体暴力与精神暴力。

前几天,网络上有一则视频记录了一位年轻的妈妈蹲在楼房窗户外突出的空调机位上,情绪崩溃地想要跳楼。对面楼的一位妈妈看到这种情况,来不及换衣服,穿着吊带睡衣跑到跳楼女子的家里,站在窗户里劝说。经过沟通,跳楼女子哭喊道:"我实在受不了了,每次吵架都冷战,一冷战就是三四个月。"可想而知,在同一个屋檐下生活,原本应该与妻子亲密无间的丈夫却接连三四个月不理妻子,甚至还有可能不回家,妻子该是多么心灰意冷啊。然而,劝说的邻居说道:"你死了,最伤心的是咱孩子。"最终,跳楼女子被劝回来了,打动她的也许正是女邻居的那句话——"最伤心的是咱孩子。"在很多家庭里,男人负责工作赚钱,女人负责留在家里照顾孩子,这意味着女人是没有收入的。马克思主义理论告诉我们,经济基础决定上层建筑,这不但适用于国家,也适用于家庭。在家庭生活中,女性如果没有经济收入,完全依赖男性生活,那么家庭地位必然低下。男强女弱的夫妻关系一旦遭遇长期冷战,女性不但要忍受精神和情感上的孤独与痛苦,还要承受无法向男性张口要钱的经济困境,甚至是绝境。此前,很多人都特别关注身体暴力,而忽略了冷暴力,其实冷暴力恰恰是最难忍受的,将会摧毁人的精神世界,使人感到万念俱灰,彻底陷入绝境。

当然,这并不意味着和精神暴力相比,身体暴力就是可以接受的。家庭是社会生活的最小单位,要想维持社会和谐,就要先构建一个个幸福和谐的小家庭。在上述视频中，年幼的孩子始终在哭喊着"妈妈回来"，他稚嫩的心灵必然因为家庭问题而留下无法消除的阴影。这种对失去的极度恐惧，有可能一次次地出现在孩子的梦里。

在身体暴力行为中，孩子目睹父母之间的争吵甚至是殴打，身心将会发生强烈的应激反应。心理学家经过研究发现，家庭暴力不仅会在当下影响孩子，而且会在孩子心中留下无法消除的阴影与伤痛。这种伤痛是以隐藏的方式存在的，甚至会对孩子成年之后的行为造成负面影响。诸如，有些孩子因为小时候目睹家暴而对家庭生活失去信心，长大之后不愿意恋爱结婚；有些孩子长大之后不管是与家人相处还是与社会上的其他人相处，都表现出明显的暴力倾向，这与他们从小目睹家暴不无关系。

青春期孩子特别爱面子，即使目睹家暴行为，也不愿意接受或者承认，这使得大多数孩子选择默默承受家暴对自己的影响，而不愿意倾诉自己的烦恼。孩子想不明白的是，为何父母不再相爱，为何自己的家庭如此痛苦。在孩子的心目中，家暴仿佛是一个难以启齿的秘密，也是整个家庭无法言说的隐痛。为此，孩子的心中有了看不见的伤痕，也有了不能宣之于口的耻辱。

当父母爆发暴力冲突时，哪怕孩子被呵斥离开现场，躲在自己的房间里听到声音，也会特别害怕和恐惧。孩子就这样陷入了激烈的心理冲突中，既想挺身而出为父母协调矛盾，又担心自己能力不足而引发更激烈的争吵和斗殴。为此，他们不得不强迫自己留在房间里。为了减少痛苦，他们还会堵住耳朵，或者把头埋藏在被子里。这一刻是那么绝望无助、恐惧无奈，只能以这种掩耳盗铃的方式暂时欺骗自己，让自己略微好过一些。

一旦知道父母之间的状况，孩子就会对未来感到恐惧，每时每刻都在担心父母会离婚，又害怕身边的人知道自己的父母关系不和。这无疑会分散孩子的注意力，使他们哪怕上课也忐忑不安，提心吊胆。有些孩子因为目睹父母家暴而产生严重的心理应激反应，必须接受心理医生的治疗，才能渐渐放松。由此可见，家暴对孩子的身心伤害非常严重，因而为人父母者都要寻求更好的方式解决问题,而切勿动辄诉诸争吵或者暴力。父母必须牢记,不管什么原因,都不能成为家暴的理由和借口。从现在开始,如果不爱,请和平分手,给孩子留下美好的回忆。真正成熟的成年人,无论面对怎样的困境和难题,都会调整好自己的心态,控制好自己的情绪,以合理有效的方式解决问题,这才是成熟的表现。在家庭生活中,很多爸爸都认为自己是最爱孩子的人,其实,爸爸对孩子最好的爱,就是爱孩子的妈妈,给孩子幸福美满的家。

第十一章
青春期要有好情绪

　　人是情绪动物,每个人每时每刻都有情绪。面对突如其来的强烈情绪,就算是成年人也很容易失控,更何况是青春期孩子呢。青春期孩子之所以情绪容易波动,是由身心发展的特点决定的。父母要理解孩子的各种情绪,也要引导孩子学会缓解情绪。孩子的情绪也许有各种原因,陪伴和倾听则永远是父母最明智的做法。

孩子为何不开心

现代社会中，很多孩子都患上了不同类型、不同程度的心理疾病。尤其在初高中生群体里，患有抑郁症的孩子越来越多。其实，仅从心理的角度来说，每个人都会有心情抑郁低落的时候，孩子也是如此。面对郁郁寡欢的孩子，父母最重要的是抽离情绪，付出足够的爱与耐心，陪伴和倾听孩子。

如今，很多父母都开始了解抑郁症，也不再把抑郁症视为单纯的情绪低落。一旦得知孩子有可能患上抑郁症，很多父母马上如临大敌、忐忑不安。其实，抑郁也是一种正常的情绪，父母首先需要放下焦虑，以平和的心境积极地配合，学习各种与孩子沟通和相处的技巧，才能引导孩子走出抑郁症的泥沼，重新回到阳光明媚的世界。

无意间，妈妈发现可可居然与同班同学小月早恋了。妈妈特别震惊，也特别恼火，当即就盘问可可。可可自知理亏，把QQ密码告诉了妈妈。看了可可与小月的聊天记录之后，妈妈从震惊和暴怒变为满怀担忧。为什么呢？原来，妈妈从小月呓语般的倾诉中，意识到小月出现了严重的心理问题，很有可能患上了抑郁症。尤其是在聊天记录中看到小月遭受到网络暴力，且有自残的倾向时，妈妈当即把这个情况告诉了老师，提醒老师通知小月父母，一定要密切关注小月的精神和情感动态，必要时寻求心理医生的帮助。

小月的父母最初对老师的提醒不以为然，直到有一次小月要独自出门被妈妈拒绝后，居然拿起刀子试图割腕，这才引起足够的重视，他们也立即带着小月去看心理门诊。心理医生诊断，小月患上了双相情感障碍，很容易走向极端，做出冲动的举动。心理医生开了很多药，叮嘱父母督促小月按时足量服用，还建议小月休学一段时间，以调整状态。这个时候，妈妈不忘提醒可可："可可，我现在不是禁止你和小月早恋，而是要求你本着对小月负责的态度，停止与小月过于亲密的接触。以小月目前的状态，是经不起任何刺激和打击的，早恋像雾像雨又像风，你不可能给予她稳定的精神和情感支持，反而会随着恋情波动而加重对她的打击。你知道，抑郁症是人命关天的，小月还有双相情感障碍，你知道问题的严重性吗？"可可显然被妈妈吓到了，赶紧点了点头。此后的日子里，可可一直关心和帮助小月，却很小心地避免引起小月的情感波动。在父母和老师的配合下，小月很快就返回了校园，回归到正常的学习生活中了。

如今，很多青春期孩子都受到抑郁症的困扰。父母要密切关注孩子的精神和情感状态，老师要及时发现孩子的异常表现，才能做到家校联合，全方位地关注和关爱孩子。以前，人们误以为抑郁症就是情绪欠佳，随着科学家对抑郁症的了解越来越深入，人们才意识到抑郁症是实症，也重新制订了治疗抑郁症的方案。患上严重抑郁症的人仿佛溺水者，感到窒息和绝望，却很难自救。因而，抑郁症患者必须服从药物辅助治疗，与此同时，身边的家人、朋友还要掌握正确的方式方法，陪伴和倾听抑郁症患者。唯有全面努力，让抑郁症患者感受到爱与温暖，重新点燃对生活的希望，抑郁症患者才能挣脱抑郁的泥沼。

对那些被情绪困扰的孩子，倾听和陪伴是舒缓其情绪的最好办法。作为父母，切勿对孩子的异常情绪和表现置之不理，否则就会错过干涉抑郁症的最佳时期。除了受到心理疾病的困扰之外，感情问题和家庭问题是导致孩子不开心的另外两个重要原因。从父母的角度来说，要为孩子提供温馨和谐的家庭环境，也要引导孩子形成正确的婚恋观，从而避免孩子过早恋爱，受到感情的强烈刺激。在与孩子沟通的过程中，父母一定要设身处地为孩子着想,而切勿指责孩子玻璃心,缺乏承受能力,或者内心不够强大。父母还要有足够的耐心,渐渐感化孩子,让孩子愿意倾诉。古人云,欲速则不达,在陪伴抑郁症孩子时,这一点体现得尤为淋漓尽致。因此,父母要学会放缓生活的节奏,放慢人生的脚步,尤其是要避免急功近利的想法,以减轻孩子的压力。

自残的孩子在求救

最近,妈妈常常发现丁丁的身上有伤痕。第一次是在一个晚上,妈妈发现丁丁右手手背上的指关节出现了破皮流血的情况。妈妈假装漫不经心地询问,丁丁搪塞道:"上体育课时,我不小心摔倒了。"妈妈明知道不是这么回事,转念一想:"孩子大了,有秘密了,既然他不想说,我也没有必要追问。"

第二次是在一天早晨。这次,丁丁主动向妈妈求助,他走到厨房门口,对正在做早饭的妈妈说:"妈妈,你能带我去医院看看吗?"妈妈看向丁丁,问道:"你怎么了?哪里不舒服?"丁丁举起右手的手腕,说:"我手腕受伤了,过了一夜还是特别疼。"妈妈心中一惊,问道:"手腕怎么受伤了?"丁丁支支吾吾地说:"我砸到墙上了。"这个时候,妈妈脑中灵光一闪,问道:"是不是刘娜故意气你,当着你的面和其他男生说话?"妈妈的这句话让丁丁泪如雨下,其实,妈妈一直知道丁丁和刘娜的早恋关系,也曾就这个问题与丁丁沟通过,只是妈妈没有想到早恋让丁丁这么冲动。丁丁证实了妈妈的猜测,妈妈没有批评丁丁,当即就带着丁丁赶去医院。在等待检查和治疗的过程中,妈妈一直在讲道理,告诉丁丁爱情是很复杂且微妙的,青春期孩子还不具备掌控爱情和掌控情绪的能力,也从其他角度帮助丁丁分析刘娜做出相关行为的心理原因。看到妈妈态度平和,语气平静,丁丁这才对妈妈敞开心扉，诉说了自己的烦恼和无助。在妈妈的询问下，丁丁承认上一次手背受伤，以及之前手机屏幕摔碎，都是与刘娜闹矛盾导致的。

在这个案例中，青春期男孩丁丁因为早恋导致情绪冲动，几次三番做出冲动的举动，伤害了自己。其实，丁丁是在以自残的方式求救。在这种情况下，孩子最需要得到父母的关爱，因而父母切勿怒气冲天地批评和指责孩子，而是要给予孩子足够的爱与呵护，这样才能让孩子知道哪怕失去了青涩的早恋，也还有温暖的家和真爱自己的父母，从而得到安慰。

作为父母，当发现孩子有自残行为时，不管多么心疼都要保持冷静，切勿当着孩子的面表现得恐惧且慌张。孩子已经混乱无助，所以才会自残，此时此刻，他们需要感受到安全，也需要确定父母是值得自己信任和依赖的。很多父母初次发现孩子自残，既心疼又生气，既内疚又自责，因而会严厉批评孩子，或者当着孩子的面责怪自己。这些行为都会加剧孩子的慌乱与恐惧，压根不能帮助孩子。

在上述案例中，妈妈的做法很好，她选择了接纳和面对。在妈妈的正面引导下，丁丁才渐渐恢复平静，也才开始反思自己的做法。面对自残的孩子，父母最重要的任务不是归咎于任何人，而是通过分析孩子自残的行为，洞察孩子的心理状态。有些孩子因为受到早恋的刺激而自残，属于冲动行为；有些孩子因为陷入负面情绪的痛苦中无法自拔而自残，目的是帮助自己转移注意力，让自己忽略心理上的痛苦，而集中心神感受肉体上更严重的痛苦。在这个过程中，他们不但会获得解脱感，而且会获得掌控感。一旦沉迷其中，就会在下一次陷入情绪泥沼时再次选择自残。很多自残的孩子都会极力隐藏自残的痕迹，与此同时，又想要以自残的方式吸引家人的爱与关注，为此，他们的内心特别矛盾，痛苦也更加深沉。

孩子自残的原因多种多样，感情经历、家庭原因、学习压力等，都会导致孩子自残。除此之外，青春期孩子还有可能因为心理因素和社会因素的综合作用，而对现实感到失望。青春期孩子很容易走极端，因为他们缺乏合适的途径表达负面情绪，也没有人能够倾诉自己内心的愤怒和无助。

自残行为很容易上瘾，能让孩子获得内心的满足，导致孩子进入恶性循环的状态中。为了帮助孩子调整好心态，避免自残，父母一定要与孩子建立良好的亲子关系，也要营造积极向上的家庭氛围。心理学家经过研究发现，那些被父母疏忽的孩子，那些原生家庭不幸福的孩子，更会出现自残的倾向，甚至做出自残的行为。此外，同龄人的影响力，也是导致越来越多孩子自残的原因。在青春期孩子的心目中，同龄人是特别重要的，为了得到同龄人的认可，他们甘愿模仿同龄人的自残行为，或者做出和同龄人一样的举动。

面对孩子时而萌生的自残念头，父母要给予孩子更多的陪伴，也可以引导孩子以其他方式宣泄不良情绪。当然，每个孩子都是与众不同的生命个体，父母要以深入了解孩子为前提，才能给予孩子有效的帮助。

孩子为何悲观厌世

近年来，青少年自杀的事件时有发生，不但在社会生活中引起轰动，而且使很多父母倍感痛心。在大多数父母的心目中，孩子是家庭的希望，也是父母生活的重心。一旦孩子毅然决然地离开这个世界，整个家庭就会在得知噩耗的那一瞬间彻底崩塌。有些家庭只有一个孩子，在失去独生孩子而陷入无边无际的痛苦中之后，父母也会万念俱灰，失去生存的意志力。可以说，孩子的离开带走了父母的生命。有些父母选择追随孩子而去，有些父母则日日夜夜沉浸在自责、悔恨的情绪中无法自拔，被痛苦吞噬心灵，也被痛苦蚕食生命。

有些孩子的离开是突然的，此前没有任何征兆，使父母很长一段时间里不能接受这个残酷的现实；有些孩子的离开则是有预谋的，遗憾的是，父母同样因为各种事情而没有发现孩子的异常行为，更没有发现孩子想要结束生命的征兆。等到孩子去世之后，回想起孩子在漫长的孤独中一点一滴地策划着离开人世，也感受着蚀骨的寂寞，父母恨不得代替孩子去死，还有可能是因为父母的疏忽与不负责任，才导致了孩子的死。对父母而言，这是多么痛的惩罚啊，自此之后他们的心不会再有片刻安宁。

也有些父母是非常敏感的，出于对孩子的爱与关心，他们很早就发现了孩子悲观厌世的苗头，为此，第一时间就采取了一些措施。面对想要离开人世的孩子，父母首先要稳住孩子的情绪，其次才是想方设法打开孩子的心门，走入孩子的内心世界，了解孩子的迷惘、痛苦和无助。

在致青少年死亡的十大原因中，自杀始终居于前列。父母一旦发现孩子表现出抑郁、焦虑、沮丧等负面情绪，或者发现孩子变得越来越沉默，对很多事情都提不起兴致来，而且出现行为退缩等表现，一定要引起足够的重视。有些孩子悲观厌世的苗头没那么明显，却会在一个又一个夜晚被失眠折磨，会在面对爱吃的美食时也毫无食欲，这就需要父母通过观察孩子捕捉到蛛丝马迹。例如，看到孩子尽管按时入睡，第二天却哈欠连天，精神欠佳；看到以前面对美食大快朵颐的孩子，如今却没有食欲，父母一定要询问原因，观察孩子有无其他的异常表现。父母要知道，孩子的任何异常状态都是有原因的，否则，理应表现得一如往常。

有些孩子直到准备实施离开人世的计划，才被老师、同学、父母或者陌生人发现。面对已经站在死亡边缘徘徊的孩子，任何人都不要刺激孩子，而是要以平静的口吻与孩子攀谈，帮助孩子转移注意力，帮助孩子从负面情绪中抽身而出，这样孩子才有空间缓和激动的情绪。此时此刻，否定和批评孩子是万万要不得的，一定要认可和接纳孩子，理解孩子，帮助孩子平复情绪。对孩子提出的任何要求，不管是合理的还是不合理的，都要答应下来，以作为缓兵之计。

有些孩子的负面情绪特别强烈，可以通过呼唤孩子的名字，吸引孩子的关注，或者以自言自语的方式与孩子沟通。唯一的原则就是帮助孩子度过情绪风暴，保证孩子的人身安全。事后，在确定孩子情绪状态比较好的情况下，可以对孩子做自杀风险评估，也在了解孩子自杀原因的前提下，有针对性地对孩子开展心理疏导工作，帮助孩子消除自杀的念头。

面对悲观厌世的孩子，很多父母都把原因归咎于学习的压力，认为学校和老师教育教学的方法不当。其实，对任何孩子而言，只有家庭和父母才是他们的最后一道安全防线。哪怕在学校里内卷严重，只要父母不强求孩子在学习上达到无法实现的高度，只要父母对孩子学习的压力表示理解，孩子是不会走上绝路的。每一个自杀的孩子，都是被让父母绝望这最后一根稻草压垮的。因而，要想提前对孩子心理干预，帮助孩子建立对人生的希望与信心，父母一定要无条件地爱与接纳孩子。

如果不能在最短的时间消除孩子自杀的念头，还可以采取有效措施延缓孩子实现自杀的想法。如今，很多父母选择与孩子签订不自杀契约，目的在于告诉孩子除了死亡之外，还有很多办法能够解决难题。

在心理学领域，认知行为治疗学派提出，认知历程在很大程度上影响了人们的心理状态，使人因为错误的自我鉴定和消极的自我暗示，产生心理困扰，出现忧郁症状。作为父母，一定要密切关注孩子的身心健康，因为只有身心健康成长的孩子，才有未来和前途可言。

陪着孩子直面死亡

在人生的早期，孩子很少会面对死亡，这是因为孩子的亲人都还没有到自然老死的年纪。随着不断成长，孩子进入青春期，父母步入中年，爷爷奶奶、姥姥姥爷等长辈则步入老年。为此，死亡开始出现在孩子的生命中。对十几岁的孩子而言，死亡是陌生的，也是难以理解的。面对最疼爱自己的爷

第十一章 青春期要有好情绪

爷奶奶、姥姥姥爷离开人世,或者面对最疼爱自己的爸爸或者妈妈因为意外而猝然死去,还有可能面对老师、同学生命的戛然而止,孩子一定会受到打击,也开始关注死亡,开始思考死亡究竟是什么,人生的意义又是什么。

每当家里有亲人离开人世时,父母沉浸在悲痛中无法自拔,根本没有时间照顾到孩子的情绪,也没有心思向孩子解释什么是死亡。当然,也有些父母认为孩子还小,不需要知道死亡是什么,因而不想对孩子解释。然而,这么想的父母忽略了一点,即人是情绪动物,每个人每时每刻都会产生情绪,更何况是青春期孩子呢?青春期是人生中至关重要的成长时期,青春期孩子更需要学习面对和接受死亡,尤其是当亲人离开人世而带来重大的心灵创伤时。因此,对孩子绝口不提是错误的做法。父母不管多么悲痛,多么伤心,都要借助于这个机会,告诉孩子死亡是什么,也陪伴孩子一起面对死亡、接受死亡。

阿秀从小在爷爷奶奶身边长大,因而对爷爷奶奶的感情很深。后来,她虽然来到父母身边,却始终惦记远在农村的爷爷奶奶。每到寒暑假,阿秀都会回到老家看望、陪伴爷爷奶奶。上个月,因为一场车祸,阿秀的奶奶去世了。从得知奶奶离开人世的消息直到现在,阿秀始终无法接受这个残酷的现实。她每天晚上都会梦到奶奶。在有的梦里,她忘记奶奶已经去世了,仿佛回到了陪在奶奶身边的小时候;在有的梦里,她突然想起奶奶已经去世了,忍不住哭泣着从梦中醒来。阿秀特别痛苦,每天早晨起来都精神倦怠,这严重影响了她正常的生活和学习。

阿秀把这件事情告诉了心理咨询师汪老师。汪老师问阿秀:"奶奶去世时,你有没有到场?"阿秀摇摇头,说道:"爸爸妈妈说我高一学习紧张,不能缺课,我只在家里遥拜了奶奶。"汪老师建议道:"学习固然重要,送别亲人也很重要。老师建议你请几天假,亲自去奶奶的坟前祭拜奶奶,把所有的思念都告诉奶奶。如果你觉得无法说服爸爸妈妈,我可以帮你。"在汪老师的劝说下,爸爸妈妈终于同意带着阿秀去奶奶的坟前。千里迢迢地来到奶奶坟前，阿秀哭得肝肠寸断。她整整哭了两小时，爸爸妈妈始终陪在她的身边，没有打扰她。后来，阿秀和爸爸妈妈一起安顿好爷爷，才放心地离开。从此，阿秀很少梦到奶奶，也终于能打起精神继续生活了。

在这个案例中，因为没有送别最爱的奶奶，所以阿秀始终不能面对奶奶已经去世的现实。汪老师的建议是很有效的，因为让阿秀去奶奶的坟前祭拜奶奶，能够帮助阿秀缓解对奶奶的思念，也消除对奶奶的愧疚，最重要的是亲眼看到奶奶的坟，阿秀才能接受奶奶已经去世的现实。

在心理学领域，有个治疗方法叫作脱敏疗法，就是帮助人们勇敢地接受不愿意承认的现实，勇敢地面对生活残酷的现实，从而起到增强心灵力量的作用。

人都是有生老病死的，每个新生命从呱呱坠地就开始了向死而生的历程。进入青春期，孩子已经走过了一段生命历程，也开始见证更多人不同的生命历程，因而要开始面对和接纳死亡。

从心理学的角度来说，面对哀恸事件，大多数人的第一反应就是不愿意接受和面对，因而会本能地选择否认。随着时间的流逝，人们表现出极大的愤怒，也会把事情归结于各种各样的原因，甚至还会责怪那些不相干的人。在经历上述两个心理步骤之后，人们进入了第三个心理步骤，即开始与命运讨价还价，也不切实际地期望出现奇迹，改变一切安排。第四个心理步骤，就是陷入懊悔、自责、沮丧的负面情绪中，开始思考生命的意义，也开始质疑生命的意义。在这个阶段，大多数人已经认识到哪怕讨价还价也无法改变命运的安排，因而越来越麻木忧郁，还会出现悲观厌世的念头。第五个心理步骤，就是让时间抚平岁月的创伤，重新对生活燃起希望和爱，也带着对故去亲人的思念勇敢前行。

在这个过程中，为了尽快帮助自己走出悲伤，可以代替亲人完成未完成的愿望，也以这种方式使自己与亲人之间形成联结和纽带，以寄托哀思和忧伤。在心理学中，代替亲人完成未完成的事是很有效的治疗方法，能够帮助当事人缓解紧张焦虑的情绪,也帮助当事人消除后悔、懊丧的情绪。此外,还可以用画画、写信的方式表达对亲人的思念,抒发郁结于心的悲伤。

孩子不该是一座孤岛

在成长过程中,孩子最需要的不是丰富的物质,不是花不完的金钱,也不是严苛的管教,更不是泛滥的爱,而是陪伴。每个孩子都需要陪伴,任何人都不能代替父母陪伴孩子。遗憾的是,在很多现代家庭里,父母虽然竭尽所能地为孩子提供了丰富的物质和金钱,却没有时间陪伴孩子。对孩子而言,父母的陪伴成为奢望。

在隔代抚养的家庭里,孩子被交给爷爷奶奶或姥姥姥爷照顾,父母则整日奔波忙碌。长此以往,孩子无法从原生家庭里得到想要的陪伴,也感受不到爱与温暖,只能向其他类型的人际关系中寻求需要的精神和情感慰藉。很多父母都有疏于陪伴孩子的理由,诸如工作忙碌,外出赚钱等。然而,任何理由都不是父母缺席孩子成长的借口。孩子的成长过程是不可逆的,孩子一旦长大,就会远离家庭、远离父母,这个时候父母再想照顾孩子,孩子却不需要了。陪伴真的没有想象中那么难,每一个重视陪伴孩子的父母总能想方设法地陪伴孩子,也始终坚持深度参与孩子的成长。

现代社会中,患上心理疾病的孩子越来越多,恰恰是因为他们缺少陪伴,无法感受到父母的关爱与温暖。在漫长的成长过程中,孩子如同一座孤岛,独自感受着漫无边际的寂寞。

一年多前,在繁华的深圳,清晨早早到来。六点多,一名初中生背着沉重的书包,空着肚子离开家,没有拿父母头一天晚上放在桌角上的早餐钱。十几分钟之后,这个少年没有乘坐平日里乘坐的公交车,反而爬上高楼一跃而下,离开了这个冰冷的世界。没错,这个世界于他而言一定是冰冷的,因为他空着肚子离开了。迄今为止，他的父亲时常在网络上发表悼念他的文章，这样大张旗鼓的痛苦受到一些人的诟病，却无可指责。遗憾的是，他的父亲从未反思过他为何会毅然决然地离开，难道不留恋家庭的温暖，不留恋父母的宠爱吗？和很多孩子因为冲动而自杀不同，这个少年的自杀是平静的，是理性的，是丝毫不后悔和迟疑的。清晨，整个城市还没有完全从沉睡中醒来，也许他的父母都还在睡梦中吧，否则怎么不提醒孩子拿上吃早饭的钱呢？他就这样静悄悄地起床，背上书包。没有人知道他如何度过了人生中的最后一个夜晚，他是怎样地苦苦挣扎也没能打消自杀的念头，他是如何绞尽脑汁去想都想不到人世间有什么值得留恋的。父母也许为了消除痛苦而把矛头指向学校教育，却从未反思自己作为父母有何失职，难道只是因为没有起床给孩子准备早饭吗？哪怕一辈子不吃早饭，一个得到家庭的温暖和父母的关爱的孩子，也不会选择自杀。当然，真正看重孩子的父母，除非人在千里之外，否则不会让初中阶段承受着繁重课业压力的孩子空着肚子去上学。一年多过去了，孩子的千里孤坟已经长满了野草，无声地诉说着内心的悲凉。

如今，不仅青春期孩子会出现各种各样的心理问题，很多经过十二年寒窗苦读，终于考入理想大学的成年大学生，也面临着各种困扰和难题。有些孩子成年累月地承受着学习的压力，在一朝金榜题名进入理想大学之后，反而迷失了方向，不知道如何继续走好学习的道路。心理学家把这样的孩子定义为空心人。空心人之所以空心，恰恰是因为他们此前始终以考取高分为唯一目的，反而失去了生活的乐趣，在不需要拼高分后感到无聊乏味，无所适从。由此可见，教育孩子必须以身心健康为前提，否则孩子是不可能真正成才的。

太多父母误以为孩子只需要学习，不需要为了生活奔波忙碌，生活于孩子而言一定是无忧无虑、轻轻松松的。在这种想法的作用下，一旦得知孩子心情不好，压力巨大，父母就会指责孩子自寻烦恼。父母哪里知道，孩子的烦恼一点儿都不比成人的烦恼少。例如，孩子要承担繁重的学习任务，孩子常常思念在外打工的父母，孩子面临着与老师、同学相处的难题，甚至还有可能正在遭遇着校园霸凌。总之，在人生的不同阶段，人有不同的烦恼。父母要多多理解孩子，尝试着了解孩子，而不要指责孩子无病呻吟。

青春期孩子的情绪暗潮汹涌，时而感到特别亢奋，时而心情阴沉。大多数孩子都不擅长调节情绪，在这种情况下，父母一定要觉察孩子的异常情绪，才能有效地帮助孩子。当孩子在暗黑无边的海面上沉沉浮浮时，父母就像是一盏明灯，能够照亮前行的道路。父母的陪伴能够帮助孩子驱散寒冷和孤独，也能够让孩子获得安全感，充满底气地做很多事情。那些在成长阶段得到父母陪伴的孩子，即使长大成人也依然能从父母身上汲取力量。

青春期孩子更需要朋友

对青春期孩子而言，同龄人的陪伴是非常重要的。很多孩子都会抱怨自己在学校里没有朋友，得到孩子这样的反馈时，父母切勿掉以轻心。父母如果了解青春期孩子的身心发展规律，就会知道青春期孩子把同伴看得尤为重要，而父母哪怕怀着一颗童心，也无法取代同龄人的陪伴。在与同伴相处的过程中，孩子不但能够开阔眼界，增长知识，而且能够学会与人相处，培养同理心和自信心等。

对感到孤独的孩子，父母要了解他们缺少朋友的原因，也要观察他们是否掌握了与人沟通和相处的技巧。在青春期，孩子如果能够结交更多朋友，受到友谊的滋养，那么他们未来长大成人，也依然会因此受益匪浅。这是因为他们在青春期学会了与人相处，为将来步入成人社会奠定了坚实的基础。

每天，伴随着大课间的铃声响起，柔柔准时来到心理咨询室报到。原来，柔柔在班级里没有朋友，和同学特别疏远，所以她在大课间总是形单影只,特别孤独。班主任发现柔柔不会结交朋友,也与柔柔的爷爷沟通,却没有起到任何作用,所以只好让柔柔利用大课间与心理咨询师马老师谈谈心。

作为心理咨询师,马老师当然知道青春期孩子没有朋友是很严重的问题,所以自从柔柔如约到来,她都充分利用大课间的时间与柔柔交谈。一直以来,马老师都侧重于教会柔柔与人相处,却忽略了了解同学们是如何评价柔柔的。一次,马老师走在校园里,无意间听到同学们正在议论柔柔,不由得侧耳倾听。有的同学抱怨柔柔特别冷漠,有的同学抱怨柔柔具有攻击性,有的同学抱怨柔柔不喜欢说话,有的同学抱怨柔柔不遵守游戏规则。马老师受到启发,私底下又和柔柔的同班同学沟通,更加全面地了解柔柔。

原来,柔柔之所以不会与人相处,是因为她从一出生就由爷爷奶奶抚养长大,她的父母外出打工,为了节省路费,几年都不回家一次,而且因为又生了一个弟弟,所以就更是彻底不管柔柔了。马老师暗暗想道:"柔柔相当于是被父母遗弃了,难怪会待人冷漠呢。看来,还是要从柔柔父母身上找根源,才能解决问题。"这么想着,马老师向班主任要来电话,与柔柔父母进行了沟通。得知柔柔的现状,爸爸妈妈很懊悔。没过多久,爸爸妈妈带着弟弟回到家里,柔柔看着陌生的爸爸妈妈,压根不敢与他们亲近。随着爸爸妈妈在家里待的时间越来越长,柔柔这才接纳了他们,哭着说:"同学总说我待人冷漠,我从小都没有得到过温暖,怎么能待人温暖呢?我甚至连叫爸爸妈妈都害羞。"后来,妈妈决定留在家里养育柔柔和弟弟,让爸爸独自出门打工。随着与妈妈的相处越来越多,柔柔的性格渐渐变得开朗,终于有朋友了。

在辅导青少年的过程中,人际关系始终是备受关注的一个问题。在青春期,孩子特别依赖同龄人,也想要在同龄人群体中寻找认同感、归属感,同时明确自己的地位。孩子需要发展良好的人际关系,结交更多的同龄人朋友,才能促进社会能力的发展,为将来顺利进入成人社会做好准备。反之,如果孩子性格孤僻,没有朋友,就会自我封闭,也会因为欠缺各种能力，即便长大成人也无法顺利融入成人社会。对孩子而言，这无疑是非常糟糕的。

在上述案例中，柔柔之所以不会结交朋友，是因为她从小被父母丢给爷爷奶奶，既不曾感受到家庭的温暖，也不曾从爷爷奶奶身上学习到人际交往的技能。幸好马老师通过认真细致的工作了解到根本原因，帮助柔柔回归到相对健全的家庭，彻底扭转了柔柔的命运。

一般情况下，青春期孩子没有朋友，一则是因为个人的性格孤僻；二则是因为缺乏生理自理能力，因而给同学留下了不好的印象；三则是因为没有学习社交技巧，不会与人互动和沟通，不会处理人际矛盾，不会表达自己的想法和感受，因而只能与同龄人渐行渐远。因为没有机会和同龄人互相学习，所以他们的成长和发展更加滞后，陷入恶性循环。

父母要多多鼓励孩子与人交往和互动，既要把握人际交往的界限，也要拉近人际交往的距离，从而维持人与人之间良好的平衡状态。此外，还要教会孩子一定的社交技巧，让孩子成为处处受人欢迎的社交达人。

宽容他人就是放过自己

安琪是个特别小心眼的女孩，虽然已经读初二了，却还是常常因为一些无关紧要的问题与同学闹矛盾。有一次，老师打电话告诉安琪妈妈："今天课间，有个女生一不小心把墨水溅到了安琪身上，只有一滴，安琪就不依不饶地让那个女生赔她的衣服，直到把那个女生吓哭了才算完事。其实，那个女生不是故意的，也表示愿意赔偿干洗的费用。说实话，我觉得安琪真的很小心眼，希望你们能多多引导安琪，让她宽容、友善地对待同学。"听了老师的话，妈妈感到很惭愧，连声向老师道歉，还希望老师能代为安抚那个女生。

对安琪的小心眼，妈妈心知肚明。原来，安琪小时候是跟着奶奶长大的，奶奶是典型的农村妇女，不懂道理、斤斤计较。在奶奶的耳濡目染之下，安琪越来越小气，总是得理不饶人。自从安琪读初中回到妈妈的身边，她就有意识地培养安琪的宽容之心，却收效甚微。正因如此，很多同学都不愿意和安琪玩，还故意躲着安琪。

在这个案例中，安琪因为衣服被溅上一滴墨水就不依不饶，难怪没有朋友。在人际交往中，宽容是非常珍贵的品质，具体表现为原谅他人的过错，宽容地对待伤害自己的人。古人云："君子贤而能容墨，知而能容愚，博而能容浅，粹而能容杂。"这句话告诉我们，一个人要做到胸怀博大，包容人世间的万物万象。

需要注意的是，宽容不是纵容，也不是软弱和胆怯的表现。宽容，是以退为进，能够谦让和原谅他人，才能消融人与人之间的坚冰，也才能与他人之间建立良好的关系。一个人如果心胸狭隘，总是将他人的错误牢记于心，也不愿意原谅他人，自己的心中就会常常愤懑不平，受到怒气的损害。反之，一个人如果心怀博大，能够原谅他人有心或无意的错误，就会一笑置之，心宽体胖。

此外，缺乏宽容心的孩子还很容易走极端。俗话说，进一步万丈深渊，退一步海阔天空。与其拿别人的错误惩罚自己，不如忘记别人的错误，这样才能无忧无虑地生活。父母一旦发现孩子小肚鸡肠，受人排挤，就要引导孩子宽容地对待他人，以宽容赢得朋友。

从某种角度上说，宽容他人，就是放过自己。那么，父母怎样才能培养孩子的宽容之心，让孩子心胸开阔、豁达处世呢？

首先，引导孩子站在他人的角度和立场上考虑问题，也就是换位思考，这样孩子才能理解他人的苦楚，包容他人的错误。如今，很多孩子从小就得到全家人的关心和宠爱，因而渐渐地养成了以自我为中心的坏习惯，压根不懂得设身处地为他人着想。要想改变孩子，父母要教会孩子换位思考，即让孩子假设自己是他人，而他人是"受害者"，孩子当即就会希望"受害者"原谅自己，因而深入理解和体谅他人。

其次，父母要教会孩子接纳和包容不同的人。俗话说，金无足赤，人无完人。在家庭生活中，所有的家人都会宠溺孩子，因而孩子总能满足自己的愿望，也总能得到家人的呵护。在家以外的地方与他人相处时，孩子出于惯性心理，依然希望所有人都围着自己转，这当然是不可能的。为此，孩子常常挑剔和苛责他人，导致人际关系恶劣。父母要引导孩子接纳和包容不同的人，哪怕是自己不喜欢的人，虽然无须曲意逢迎，却也要友善相待。

再次，父母要鼓励孩子结交同龄人，创造各种机会让孩子与同龄人相处。很多父母因为担心孩子的安全问题，所以把孩子关在家里，不让孩子和同龄人一起开展各种活动。其实，孩子在与同龄人相处的过程中能够学习各种知识，尤其是学会与人相处，这对孩子而言是不可缺少的成长方式。

最后，鼓励孩子接受新鲜事物，培养孩子达观的人生态度。一个因循守旧的人必然是不宽容的，因为他们总是拒绝新鲜事物。一个心怀博大的人必然是宽容的，因为他们迫不及待想要尝试新鲜事物。现代社会发展的速度非常快，整个世界都呈现出日新月异的状态，因而孩子也要与时俱进，不断成长。在家庭生活中，父母要成为孩子的表率，坚持领头接受新鲜事物，给孩子潜移默化的影响。

总而言之，每个人都要拥有宽容之心，也要学会宽容。作为一个身心健康、人格健全的人，必须懂得宽容之道，才能以宽容之心待人，也才能得到他人的宽容相待。

第十二章
探究叛逆期的偏差行为

　　进入叛逆期，孩子在家里待的时间越来越少，在学校里待的时间越来越长。很多孩子从高中开始住校，也有少部分孩子从初中开始住校，这意味每周只能和父母共度一到两天。因此，对孩子而言，学校和老师变得尤为重要。孩子要想健康成长、学习顺利，就要与老师、同学建立良好的关系。而作为父母，即便不能每时每刻陪伴在孩子身边，也要密切关注孩子的校园生活。

探究校园霸凌现象

在班级里，徐俊是个招人讨厌的存在。他的本质并不坏，只是特别顽皮、淘气，常常捉弄人，而且说话不假思索，常常被人翻白眼。此外，徐俊还有个最大的缺点，就是喜欢给人起外号。这天下午，看到张敏在班级里大手一挥，就指挥全班同学完成了搬教室的大工程，所以灵机一动给张敏起了个外号——大姐大。"大姐大"听上去带有浓重的社会色彩，也不是什么褒义词，张敏当即发起脾气，怒斥徐俊。有些同学看热闹不嫌事大，还添油加醋地说张敏的确像是社会上的大姐大，做事情雷厉风行，特别厉害。

一开始，张敏没把这件事情放在心里。随着事情愈演愈烈，还有人说张敏是黑社会老大，张敏这才意识到问题的严重性。张敏的爸爸妈妈都是律师，在家庭环境的熏陶下，张敏懂得一些法律知识，也有法律意识。她指着徐俊的鼻子说："你平日里疯疯癫癫没人管你，我可不惯着你。你等着吧，我会去法院告你，再让我爸妈聘请最好的律师，把你送入大牢，看你以后说话还敢不敢这样口无遮拦。"第二天，徐俊吓得不敢去学校。

在这个案例中，徐俊无疑是兴风作浪的始作俑者，然而，他遇到了父母都是律师的张敏，被张敏进行了反击。张敏很生气，也略懂法律，这让徐俊从肇事者变成了提心吊胆的人。后来，张敏的爸爸妈妈专程去学校了解情况，也说服张敏接受徐俊的道歉，再给徐俊一次改过自新的机会。在双方父母和老师的协调下，张敏这才改变主意，不过仍然声色俱厉地警告徐俊："下不为例！"在这次事情后，徐俊有所收敛，再也不敢随便给同学起外号了。

和那些严重的校园凌霸现象相比，徐俊与张敏之间的矛盾很轻微，没有造成严重的后果。但是，徐俊的调皮捣蛋的确给很多同学都带来了困扰，也使他遭到了很多同学的厌恶。张敏没有因为被徐俊欺负就选择忍气吞声，而是当即反击，对徐俊发起警告。很多校园凌霸事件中的受害者都缺乏张敏这样的勇气和决绝，他们因为害怕父母担心而选择忍气吞声，也因为害怕事情的处理结果不如人意而选择息事宁人，还害怕父母会因为自己而与老师或者同学爆发冲突，而独自默默承受。正是受害者忧心忡忡，不敢捍卫自己的权利，所以霸凌者才会得寸进尺，变本加厉。

在这个案例里，有一点是需要特别注意的，即张敏在表现得勇敢果断之余，其实有不易觉察的报复心态。她提出要去法院告徐俊，目的不仅在于让徐俊停止欺负她，还在于让徐俊受到严厉的惩罚。在很多校园霸凌现象中，被霸凌者都会产生报复心理。学校、老师，以及父母，尤其需要关注这一点。校园霸凌现象分为很多种情况，其中，被霸凌者转化为霸凌者的现象备受关注。

成年人不但要关注霸凌者的异常心态，关注被霸凌者受到的身心伤害，而且要关注被霸凌者的报复心理。此外，还要教会被霸凌者以正确的方式保护自己，积极抗争。

如今，随着网络的普及，霸凌现象的发生地不再局限于现实世界里的校园，而开始转移到网络上。在网络上，键盘侠躲藏在屏幕后，没有人知道他们的真实身份，所以他们更肆无忌惮地辱骂、指责他人，给他人带去无法承受的心理压力。前段时间，一个一年级的孩子在校园里被教师驾驶汽车碾压死亡，孩子的家人很快与学校达成和解，接受赔偿。为此，网络上无数的键盘侠开始讨伐、攻击孩子的妈妈。就在孩子去世七天之际，孩子的妈妈跳楼身亡。这就是典型的网络霸凌现象。然而，网络不是法外之地，那些借着网络的遮掩肆意妄为的人，终将付出应有的代价。

父母一定要密切关注孩子的上网情况，一则要保证孩子远离网络上有毒有害的内容，二则要观察孩子是否在网络上遭到骚扰、攻击或者是充满恶意的批评与指责。

青春期是孩子最容易发生霸凌现象的时期，因为他们不懂得宣泄负面情绪，没有得到应有的关注，也不懂得把握反击的分寸。无论发现孩子受到怎样的霸凌或者是成为怎样的霸凌者，父母都要及时干预，联合学校与社会齐心协力救助孩子。

女孩为何喜欢组建小团体

和男生之间的霸凌现象以身体暴力为主不同，女孩之间的霸凌现象则以关系霸凌为主。无论面对怎样的霸凌现象，父母的漠视和不作为都会强化霸凌行为，使霸凌行为给孩子带来更加严重的伤害。面对女孩之间的关系霸凌，父母和老师必须更加用心地观察，多方调查以接近真相，才能透过每个孩子的行为表现，洞察孩子做出相关行为的深层次心理原因。

在初高中校园里，很多女生特别喜欢组建小团体。从管理班级的角度来说，老师并不希望班级里出现小团体，因为这会影响班级的团结，但是小团体屡禁不止。其实，老师只有从心理学角度分析女生组建小团体的现象，才能采取有效的措施引导女生之间建立良好的关系。

在影片《悲伤逆流成河》中，唐小米作为校园霸凌现象的主使者，她本身也是校园霸凌现象的受害者。在以前的学校，她被几个女生组成的小团体欺负，却从来不敢反抗。为了逃离那些给她带来噩梦的人，她转学到新学校。然而，她一进入新学校就和几个女生组成小团体，仗着人多势众开始欺负弱小者。最终，在唐小米的指使下，乖巧懂事、聪明优秀的顾森湘失去了宝贵的生命。没想到，顾森湘的意外离世使遭受唐小米霸凌的易遥再次陷入被霸凌的漩涡中。在决定自杀的那一刻，易遥说的话字字诛心。她说，不仅是霸凌者杀了她，那些一直冷眼旁观、盲目从众或者保持沉默的人，也杀了她。由此，影片启迪人们认识到霸凌的真相，即沉默且无所作为的旁观者，同样难辞其咎。

如果说《少年的你》更倾向于表现校园霸凌现象中的暴力冲突，那么《悲伤逆流成河》则更倾向于表现校园凌霸中的精神冲突和关系霸凌。这就再次回归到本节的主要问题：女生为何喜欢组建小团体。

在化学实验课程上，小兰原本想与好朋友张华与若离一组。让她万万没想到的是，张华和若离居然拒绝了她的请求，这直接导致小兰落单了。全班同学各自组团，只有小兰独自一人。从此之后，张华与若离刻意疏远小兰，小兰倍感痛苦。

自从升入初一，小兰和张华、若离就成为好朋友，每天形影不离。现在，张华和若离不但疏远小兰，还联合其他同学排挤小兰，有意无意地挖苦讽刺小兰，或者以语言影射小兰，小兰当然备感痛苦。在心理咨询室里，小兰陷入了自责和懊恼的情绪中，开始否定自己："老师，一定是我做得不好，她们才故意疏远我。但是，我不知道自己哪里做错了。此时此刻，我只想大哭一场，我生病了吗？我把这件事情告诉爸爸妈妈，可爸爸妈妈都让我忍耐，他们不知道我在学校多么孤独。我也不敢把这件事情告诉班主任，我怕班主任会处罚她们，她们就会更讨厌我了……"

在初高中校园里，小兰遇到的情况很常见。和小学阶段的孩子喜欢不加区别地与每一位同学玩不同，在进入初高中阶段后，很多孩子开始有选择性地结交朋友。尤其是女生，更是喜欢与自己性格相投、兴趣爱好接近的女生一起玩。当同一个圈子里的女生关系过于亲密，就形成了小团体。从身心需求的角度来说，女生力量小，缺乏安全感，因而希望借助于团体的力量，就像远古时代的男性祖先负责外出狩猎，而女性则留在山洞里三五成群地一起采摘野果，结伴做家务，等等。从心理的角度来说，女生很渴望得到同伴的认同，一旦感受到自己有可能陷入某种危险的人际交往状态，有可能落单变成孤家寡人，就会赶紧组建新团体。在《悲伤逆流成河》中，在以前的学校遭到霸凌的唐小米，因而刚刚转学进入新学校就组建新团体，以寻求庇护和帮助。

在融入小团体之后，女生能够获得归属感和安全感，也容易感到满足。但是，在小团体内部，人际关系依然处于发展和变化中。处于青春期，有些孩子会陷入误区，自认为是大家关注的焦点，假想其他人都在关注自己。实际上，这样的假想并不存在。在班集体里，小团体的存在是不利于班级团结的，也会导致孩子之间的关系陷入对立状态。因此，老师要引导同学们发展健康的人际关系，父母也要密切关注女孩在校园里的生存状态。

当发现孩子抽烟

老张是从事销售工作的，经常要陪客户应酬，不外乎吃饭、抽烟、喝酒等。因而，老张在家里存放着很多香烟。一个偶然的机会，老张发现家里的香烟少了几包。他心中一惊，暗暗想道：不会是儿子小伟拿走的吧！然而，老张没有证据，也担心误解儿子。为此，他不动声色，悄悄跟踪小伟。果不其然，他发现小伟学会了抽烟。老张很生气，作为一个资深烟民，他深知抽烟对身体的危害。但是，除非改行，否则他没法戒烟。但是，小伟和他不一样，小伟才上高中，又不需要应酬，怎么能小小年纪就抽烟呢？

老张恼火地与小伟摊牌，小伟却不以为然地说："爸爸，我身边的人都抽烟，哪怕是那些学习特别好的男孩。只是他们都比较小心，躲在学校的厕所里抽烟，那里没有监控。况且，您不是也抽烟么，还来管我做什么？"小伟的话让老张哑口无言，他知道哪怕告诉小伟自己是为了应酬，为了工作，小伟也不会听的。

在初高中学生群体中，很多孩子都因为各种原因开始抽烟。换言之，很多烟民都是从青春期开始抽烟的。也正是因为在青春期就开始依赖尼古丁，很多男性一生都无法戒掉香烟。更可怕的事情是，有些孩子刚刚进入青春期就开始抽烟，使身体长期遭受尼古丁的危害。在这里，无须赘述抽烟的危害，因为很多香烟盒子上都写着"抽烟有害健康"。

要想帮助青少年远离香烟，父母必须了解他们抽烟的原因和动机。首先，父母要知道青春期在漫长的人生中是很特别的时期。在青春期，孩子们很容易受到同龄人的负面影响，也会为了融入同龄人的群体而做一些不想做的事情。这是因为同龄人会起到激励作用，而他们本身也很愿意与同龄人攀比。诸如，很多专家研究青少年犯罪，发现有相当一部分青少年罪犯并非天性邪恶，而只是被同伴唆使，所以哪怕明知道一件事情是错误的，也不得不追随同伴。吸烟也是如此。例如，男孩和同龄人聚会，当一个人拿出香烟分给在场的每个人，且大多数人都尝试吸烟，男孩就很难独善其身，否则就会显得不合群，甚至被同伴们嘲笑。一些男孩不仅因此沾染烟瘾，还沾染毒品，令人扼腕叹息。

其次，青少年承受着巨大的压力。一则是因为社会生存压力越来越大，生活节奏越来越快，很多父母都会把成年人的压力转嫁给孩子，以各种方式督促孩子努力学习。在这样的情况下，孩子心理调适能力不足，缺乏社会经验，意志力薄弱，就会通过抽烟寻求安慰，渐渐养成了抽烟的恶习。

再次，男孩都是很喜欢耍酷的。在同龄人群体里，他们不惜做出与众不同的举动，以吸引他人的关注。然而，他们并不知道真正的酷是什么，误以为抽烟喝酒就是酷。为此，父母要加强对男孩的引导，帮助男孩形成正确的价值观、人生观，这样他们才能坚持走正确的人生道路，避免误入歧途。

最后，父母要为男孩树立好榜样。正如案例中的小伟之所以抽烟是受到爸爸的影响，很多男孩抽烟都是因为爸爸有抽烟的坏习惯。其实，成年人不管出于怎样的原因，都要本着对自己负责的态度，切勿抽烟。一则抽烟有害健康，二则抽烟不利于为孩子做榜样。虽然小伟说身边的同龄人也抽烟，可如果爸爸不抽烟，他抵御香烟的力量就会更强。

除了父母，孩子身边的其他人，诸如老师、朋友、亲戚等人抽烟也会给孩子造成负面影响。每个孩子出生时都是一张白纸，他们是通过不断地学习，模仿身边人的行为，才逐渐定型的。换一个角度来看，不管是父母还是老师，如果自身已经养成抽烟的恶习，就无法义正词严地说服孩子远离香烟。此外，小说、漫画和影视剧里的重要人物如果抽烟，也会误导青少年，对青少年产生不良影响。孩子一旦在青春期养成抽烟的恶习，就很难戒掉香烟，很有可能一生都要与香烟为伴。

青春期孩子为何撒谎

作为一个十三岁女孩的妈妈，雅丽最近特别苦恼，因为她发现女儿依依特别喜欢撒谎。雅丽不明白，依依作为家中的独生女，从小就得到全家人的宠爱，不管有什么愿望都会被满足，不管犯什么错误都会被原谅，为何还要撒谎成性呢？例如，昨天晚上依依撒谎说要去看电影，实际上是和几个女生去KTV唱歌。其实，哪怕说出真实的情况，妈妈也会答应她的。妈妈很想告诉依依不要撒谎，有任何事情都要告诉妈妈，却又不知道如何开口。

很多父母对撒谎存在误解，即认为撒谎说明孩子的品质有问题，或是不够诚信。实际上，每个年龄段的人都会撒谎。换言之，在漫长的人生中，没有任何人能够做到绝不撒谎。只是，父母总能轻易识破孩子的谎言，而对自己的谎言习以为常。例如，周末休息，领导打来电话要求作为爸爸或妈妈的你临时去单位加班，你不想去，就会谎称自己正在外地，无法及时赶到单位，而此时此刻其实你正躺在家里的沙发上看电视，或者在餐厅里与家人共进午餐。从本质上说，这就是撒谎。但是，你为何不觉得自己是在撒谎呢？

因为你很清楚自己这么说的目的是逃避额外的工作。父母既然能理解自己的谎言，也应该能理解孩子的谎言。

进入青春期，孩子之所以撒谎，是因为有了需要保守的小秘密。他们不想让父母知道这些小秘密，就只能选择善意的谎言。与恶意的谎言给他人造成危害不同，善意的谎言是为了自我保护，甚至为了让父母不那么担心。然而，这并非意味着父母要对青少年的谎言不以为然。需要注意的是，青少年很难把握谎言的度，无法准确区分哪些善意的谎言是没有危害的，而哪些善意的谎言则会导致严重的后果，甚至还有一些会使事情变得更糟糕。因此，当看到青少年淡定自若地撒谎时，父母依然会感到忧心忡忡，生怕孩子因此受到伤害，或者误入歧途。

不可否认的是，随着各个方面能力的增强，有些青少年的确能够把谎言说得和真的一样，甚至完全骗过父母。父母必须拥有火眼金睛以识别青少年的谎言，才能为青少年的成长保驾护航。具体来说，青少年的谎言分为四种类型。

第一种类型，异想天开型。众所周知，在五岁前后，孩子的想象力发展到顶峰，所以他们很难区分想象和现实，也常常描述出想象中的事情，被父母误解为在撒谎。随着不断成长，孩子的想象力水平开始下降，不过依然有一些孩子的想象力特别丰富。在他们的眼中，这个五彩斑斓的世界是特别神奇的，也是令人惊奇的，所以依然会发挥想象力，说出很多与现实不符的事情。

第二种类型，胆战心惊型。这种类型的谎言在于帮助孩子保护自己。面对自己一不小心犯下的错误，很多青少年害怕承担责任，因而为了推卸责任而选择说谎。在现实生活中，这种类型的谎言是最常见的，目的在于自保。例如，有的孩子考试成绩不理想，担心被父母批评，所以撒谎说自己考得很好。在前几年热播的电视剧《小别离》中，女孩就因为考试成绩没有达到预期，又想得到妈妈的奖励，和全家人一起去旅行，所以与爸爸串通起来撒谎。

第三种类型，盲目模仿型。青少年虽然身心快速发育，但是心智水平仍然达不到成人的程度。因此，他们还像儿童时期一样，因为缺乏甄别和判断能力，而盲目模仿身边的人。在有些家庭，父母会当着孩子的面撒谎，甚至为了利益而教唆孩子撒谎，那么孩子就会渐渐地养成撒谎的坏习惯。例如，景区的门票很贵，为了逃票，父母让已经超1.4米的孩子撒谎说自己1.38米。父母这样的行为固然能省下一张门票，却对孩子的教育起到了负面作用，是得不偿失的。因此，父母要想教育出诚实的孩子，就一定要以身示范，成为孩子的最佳表率。

第四种类型，品质恶劣型。在撒谎的孩子中，这种类型的孩子占比最小，带来的危害却很大。这种类型的谎言会给社会生活带来严重的负面影响，甚至起到破坏性的作用。通常情况下，品质恶劣的青少年心思缜密，往往会出于某种目的提前构思谎言，蒙骗很多人，因而造成恶劣后果。对这种类型的谎言，父母一旦发现就要严厉教育撒谎的青少年，在必要的情况下，还要让青少年承担后果，从而帮助他们提升品质。否则，孩子必然在错误的人生道路上越走越远，最终误入歧途。

其中的大多数谎言都是无伤大雅的，也有可能是出于善意的目的。不过也有极少数谎言是居心叵测、充满恶意的。因此，父母一定要注意区分，也要及时给予孩子必要的帮助。

孩子为何喜欢特立独行

很多父母都发现，孩子自从进入青春期，变得越来越特立独行。例如，孩子喜欢给头发染上奇奇怪怪的颜色，喜欢穿不符合大众审美的奇装异服。每当父母对此提出异议，孩子总是以不屑一顾的语气抱怨父母："你们的眼光已经老掉牙了，我这样的装扮才叫酷。你们可真是老土，根本不懂得欣赏。"哪怕父母表示强烈反对，孩子也依然我行我素。在很多家庭里，如果父母严格要求孩子装扮得正常一些，就会遭到孩子的强烈反抗，由此引发严重的亲子冲突和尖锐的亲子矛盾。

进入青春期，很多孩子都发生了明显的变化，不但身体变得越来越高大强壮，脾气也变得越来越大，常常与老师或父母对着干。面对孩子的叛逆表现，父母无须过于担心，因为这恰恰意味着孩子长大了，开始叛逆了。在青春期，孩子的身体快速发育成熟，心理发育却相对滞后，这使得他们虽然渴望独立，却又不得不依赖父母，因而处于一种矛盾的状态。从人生的角度来看，孩子正处于从儿童时期到成年时期的过渡阶段。在青春期，孩子的自我意识和独立意识越来越强，不希望再被父母当作孩子对待。为此，他们在各个方面都宣告主权。例如，在儿童阶段，孩子每天都穿好父母提前准备的衣服，乖乖地做该做的事情；在青春期，孩子非但不愿意穿父母准备的衣服，就连买衣服都要自己挑选。就衣服这件事情，如果父母坚持要为孩子提前准备好衣服，而且要求孩子必须穿上，那么父母与孩子之间必然会爆发矛盾。其实，穿衣服的事情无关紧要，想必父母也不愿意一直替孩子准备衣服。既然如此，不如趁着孩子进入青春期，把选购衣服的权利交还给孩子，尊重孩子的审美。

如今，大多数学校都要求穿校服，所以哪怕孩子的服装审美不符合大众的主流审美，也只能在周末表现自己独特的美与酷。既然如此，父母还有什么必要与孩子较劲呢？当父母把选购衣服的权利交给孩子，也不再干涉孩子周末的着装，孩子自然不会再与父母较劲。

青春期孩子之所以叛逆，正是为了彰显自己的独立性。他们希望通过一些极端和怪异的行为，表现自我的权利和主张。与此同时，他们很害怕被外界的人忽视和漠视，因而试图明确和巩固自己的地位，这也是孩子特立独行的一个重要原因。

既然孩子特立独行的根本原因是宣告自己的主权，表明自己的地位，那么父母要想让孩子看起来不那么"与众不同"，就要做到以下四点。

首先，父母要调整好心态，不要再高高在上地充当一家之主，对家里的所有事情都搞"一言堂"。在童年时期，孩子更倾向于服从父母；一旦进入青春期，就会表现出独立的意识和主张，不愿意再服从父母。偏偏父母认为孩子才十几岁，无法独立做好很多事情，因而试图继续在孩子面前表现出家长的权威。由此一来，父母的"我要管你"和孩子的"我要自己管自己"就会形成对立。面对孩子的叛逆，强势的父母会继续发挥强权意识，使孩子更加剧烈地反抗；明智的父母会适度放手，给孩子更大的自由空间，这时孩子反而愿意参考父母的意见。

其次，父母要多多陪伴孩子，建立良好的亲子关系，这样才能通过频繁沟通觉察孩子的心理变化。当孩子的行为表现异常时，父母不要打骂孩子，更不要侮辱孩子，而是要平等地与孩子沟通，表达对孩子的尊重和理解，这样才能让孩子敞开心扉，诉说心声。其实，一切类型的亲子教育都要以良好的亲子关系为基础，更具体地说，唯有孩子愿意与父母沟通，父母才能对孩子施以影响。因此，父母对待孩子切勿走向不管不顾、放任自理和严厉打击、强硬压制的极端。青春期孩子的自我意识没有发育完善，正处于形成良好习惯和端正品行的关键时期，因而父母要用各种方式引导和帮助孩子。

再次，要培养孩子的独立能力和自理能力。进入青春期，孩子渴望独立，所以才会表现得很叛逆。与其继续全方位地掌控孩子，父母不如适时放手，培养孩子的独立性，教会孩子独立生活的各种技能。尤其是要鼓励孩子发展人际关系，教会孩子人与人相处的礼节，也引导孩子学会设身处地为他人着想。当父母坚持这么做，孩子就能从渴望独立到真正地走向独立，必然受益匪浅。

最后，对青春期孩子的叛逆行为，父母一定要充分理解，也要耐心对待，这样才能帮助孩子疏导各种情绪，也才能缓解孩子的叛逆表现。在青春期,并非所有孩子都会有极其叛逆的表现,因而父母要以自家孩子为根本,结合孩子的实际表现有效地帮助孩子。最重要的是,要挖掘孩子叛逆的根本原因,这样才能有的放矢,卓有成效地解决问题。

总之,大部分青春期孩子都会有不同程度的叛逆表现,这是因为他们需要更丰富的情感体验,也是因为他们需要以实际行动宣告自己的主权。父母既要放下高高在上的姿态与孩子打成一片,又要能够在孩子的心目中树立权威,从而给孩子以引导和帮助。唯有恩威并济,既当好孩子的朋友,也当好孩子的引导者,父母才能轻松解决孩子的叛逆问题。

孩子为何越来越宅

面对整日宅在家里不是看手机就是玩电脑的孩子,很多父母都特别担心。有些孩子因此沉迷网络,连吃饭睡觉都忘记了。为此,父母忍不住再三催促孩子,甚至训斥孩子。遗憾的是,孩子依然如同一滩烂泥一样赖在床上,对父母的催促和训斥无动于衷。父母都希望孩子富有青春的朝气和活力,能够走出家门,多多开展户外运动,也愿意支持孩子与同龄人一起出去旅游。他们不明白,为何孩子只愿意待在家里,最多只肯走到楼下呼吸呼吸新鲜空气。的确,越来越多的孩子越来越宅,成为父母的"心腹大患"。

1983年,日本画家中森明夫首次在漫画作品中提出了"御宅族"这个词语,用来形容那些特别沉迷于漫画的人。后来,"御宅族"被缩写成"宅",用来形容那些因为沉迷于个人爱好而只愿意待在家里,导致与社会生活严重脱节的年轻人。随着网络的发展,越来越多的年轻人因为沉迷网络而宅在家里,大多数都是"八零后"和"九零后"的单身人群。毫无疑问,家本身对他们并没有那么大的吸引力,真正吸引他们的是借助于手机和电脑呈现的虚拟网络世界。很多喜欢宅家的年轻人都表现出两种极端的性格：在各种类型的游戏展和动漫展中，他们表现得特别热情，堪称狂热；但是，在现实世界里，面对正常的人际交往，他们则表现得很冷漠，根本无法进入状态。因为长期宅家游荡于虚拟的网络世界，他们之中的很多人昼夜颠倒，生活作息很不规律，对学习和工作提不起兴致，表现得很颓废。对这样的孩子，父母必然忧心如焚。他很难理解的是：自己小时候每时每刻都盼望着能出门和小伙伴们一起玩，最怕的就是被关在家里，如今的孩子为何懒得出门，懒得结交朋友，更懒得和朋友一起玩呢？

从某种意义上说，并不是现在的孩子喜欢宅，而是因为现代社会的发展模式使宅变得饶有趣味。现代人的生活方式以追求舒适为主，这注定了即使足不出户，也能获取知识，满足生活所需，随时随地与远在天边的人交流与互动。这与传统的生活模式下，做大多数事情都需要走出家门截然不同。既然宅在家里也能满足大部分生活所需，如非必要，谁还愿意走出家门呢？

古人云，凡事皆有度，过犹不及。做任何事情都要把握分寸，掌握限度，一旦过度，就会导致严重的后果。不管网络发展多么迅猛，人依然要生活在真实的世界里，肩负起属于自己的责任，努力实现自己的理想和梦想。归根结底，网络世界是依托于现实世界存在的，如果模糊了界限，无法区分网络世界与现实世界，因而沉迷于网络世界，那么人类社会的发展就会受到极大的冲击。人是群居动物，没有人能够完全脱离集体而自给自足、离群索居地生活。人一旦脱离集体，就会患上各种各样的心理疾病，也会形成错误的价值观念和人生观念。正是过度宅，才导致了很多现代文明病。

如今，作为父母，我们已经意识到宅的危害，不妨从四个方面帮助孩子改变宅的坏习惯，拥有健康向上的生活。

首先，父母要帮助孩子转变心态。孔子曾经说过，三军可夺帅也，匹夫不可夺志。在漫长的生命历程中，伟大的志向是每个人的灯塔，为人们指明人生的方向。很多现代人为了暂时逃离生活的压力而选择宅在家里，例如，一些大学生毕业后不愿意面对激烈的社会竞争，宅在家里继续接受父母的供养，可没有人能够永远逃避现实。因此，不能把宅变成生活的常态，而是要勇敢地面对一切境遇，积极地战胜所有困难，从而对生活满怀希望，满怀憧憬。当激发起孩子心中的希望和向上的力量，孩子就不愿意继续宅家，而是会选择努力拼搏和奋斗。

其次，父母要引导孩子做好细节。有人说，习惯决定人生，这句话很有道理。习惯的力量之所以强大，是因为习惯能够驱使人们不假思索地做好很多事情。为此，父母要引导孩子从细节处改变，也要激励孩子坚持做好细节，养成好习惯。在坚持这么做的过程中，为了达到良好的效果，父母要致力于营造良好的氛围。例如，每到节假日，带着孩子四处走走看看，领略祖国大好河山的壮美；每到周末，还可以放下手机和电脑，和孩子一起看电影，和孩子一起逛逛图书馆等。总之，父母也要从细节处着手，帮助孩子养成亲近人间烟火气的好习惯，这样孩子才能摆脱宅生活。

再次，致力于打造社交圈。随着网络时代的到来，人与人之间的关系变得越来越疏远，这是因为一些原本需要见面才能解决的问题，只需要打个电话、发个微信或者通个视频就能解决。为此，大多数人宁愿宅在家里，也不愿意和朋友相聚，美其名曰要尊重彼此的生活，给朋友更多的自由空间和时间。殊不知，人情味渐渐淡漠，也正是因为此。

父母要给孩子做好榜样，经常组织家庭聚会，让孩子与亲戚建立亲密的关系。此外，还要带着孩子一起参加同学、同事和朋友之间的聚会，让孩子感受到人与人之间深厚的情谊。人与人相处是有磁场的，只有那些特质相近、兴趣爱好相似的人才能互相吸引。这意味着当孩子沉迷于网络，就只能被网络吸引；孩子只有深入现实生活，才能感受到浓重的人情味，也感受到与人相处的乐趣。相信在父母的示范和鼓励下，孩子会越来越热衷于社交。

最后，鼓励孩子坚持体育锻炼，坚持户外活动。常言道，生命在于运动。人人都知道运动的好处，却很少有人能够坚持运动。父母要以身示范，陪孩子运动，感受运动带来的各种好处。渐渐地，孩子就会乐于运动，也会积极地投身于大自然之中。

教会孩子自我保护

　　最近，妈妈发现珠珠很反常，一回到家里就躲在房间里不愿意出来。妈妈误以为珠珠学习压力大，或者身体不舒服，便询问珠珠发生了什么。起初，珠珠对妈妈躲躲闪闪，不想说真话，可妈妈一直耐心地询问，珠珠忍不住哭起来。原来，班级里有几个男生总是欺负珠珠，还对珠珠动手动脚，珠珠不知道该怎么办。妈妈着急地问："既然这种情况已经发生好几次了，你怎么不告诉老师呢？"珠珠说："告诉老师，老师会批评他们，他们就变本加厉了。而且，如果老师在班级里公开批评他们，就会有很多同学知道这件事，他们嘲笑我怎么办？"

　　珠珠的担忧不无道理，妈妈陷入了沉思。她冲动地想直接打电话给那几个孩子的家长，又告诉自己一定要冷静。后来，妈妈和爸爸一致决定先去学校找老师反映情况，看看老师是否有两全其美的方法。

　　每一个女孩都是父母的掌上明珠，当得知女孩在学校里受到伤害，承受委屈，父母必然心急如焚。但是，珠珠的担忧是有可能发生的，所以父母一定要谨慎妥当地处理问题，才能真正帮助到孩子。青春期孩子对异性感到好奇，但是他们情绪容易波动，缺乏应对各种情况的能力和经验，所以常常会因为冲动而做出过激的举动，给自己和他人带去伤害。

　　女孩的家长在得知女孩受到不公正的对待之后，一定要教会孩子正确应对：首先，要第一时间把这种情况告诉老师；其次，要寻求父母的帮助。在上述案例中，尽管珠珠担心的情况有可能发生，却不能作为珠珠忍气吞声的理由，否则就会纵容那些男孩更加肆无忌惮。需要注意的是，女孩一定要及时向成年人求助，诸如老师和父母，而切勿向同龄人求助，因为同龄人和女孩一样还不具备应对和处理这种情况的能力。

父母要提升女孩的自我保护意识，也要教会女孩采取必要的措施以保证自身安全。例如，女孩不要穿太暴露的衣服，不要很晚才回家，不要单独去偏僻的地方，不要与异性进入封闭的空间，不要给陌生人开门，不要无原则地帮助他人，等等。

其实，不仅女孩要注重自我保护，男孩也要提升安全意识，注重自我保护。一直以来，很多老师和父母误以为只有女孩才会面临性骚扰和性侵害的问题，殊不知，男孩也要小心防范性侵害。

相关机构曾经在全国各大城市对四千多名学生进行调查，发现不管是男孩还是女孩，性侵害的实际发生率都是1%～2%，这意味男孩遭受性侵害的可能性和女孩一样大。性侵害通常发生在熟人之间，既有可能是异性，也有可能是男性。这些熟人在赢得孩子的好感之后，利用孩子的年幼无知伤害孩子。很多孩子在被侵害之后遭到恐吓，所以虽然很反感，却不敢公然指责侵害行为，更不敢把自己的经历和遭遇告诉父母。很多性侵害行为都具有极强的隐匿性，被发现的时候往往已经不是第一次了。

有少部分性侵害行为是父母的疏忽导致的。前几年，网络上曝光了一则幼儿园孩子遭保安性侵害的案件。在这个案件中，父母因为忙于工作，家里没有老人帮忙接送，就让孩子在放学之后去保安室等待父母。随着与保安的关系越来越熟悉，孩子的父母还特意购买香烟等礼物送给保安表示感谢。直到有一天，父母接了孩子回家，孩子哭着说下身疼痛，父母在检查完孩子的下身之后，经过询问，才得知保安已经不是第一次猥亵孩子了。在这个案件中，保安固然可恨，可孩子的父母因为缺乏保护孩子的意识，把孩子送入虎口，也承担着很大的责任。对孩子而言，不管谁在这个悲剧中承担责任，遭遇性侵害对她造成的伤害都无法消除。

不管是男孩父母还是女孩父母，当务之急都是帮助孩子树立性别意识，让孩子知道男女有别，也懂得保护自己的隐私器官。最重要的是，告诉孩子身体属于自己，任何人都不能违背自己的意志触碰自己的身体。在传统的教育模式中，很多父母都不知道如何对孩子开展性教育，因而绝口不提。与其让孩子在无知的情况下受到伤害，不如坦坦荡荡对孩子开展性教育，也让孩子重视和保护自己的身体。

参考文献

[1]罗可.拥抱叛逆期[M].北京：台海出版社，2022.

[2]李静.陪孩子度过7～9岁叛逆期[M].北京：北京时代华文书局，2016.

[3]王莉.2～3岁叛逆期，妈妈情商课[M].北京：朝华出版传媒有限责任公司，2021.

[4]尚阳.别和叛逆期的孩子较劲：亲子无障碍沟通50招[M].武汉：长江文艺出版社，2014.